AF555549

LES VRAIS PRINCIPES
DE LA LECTURE,
DE L'ORTHOGRAPHE
ET DE
LA PRONONCIATION FRANÇOISE,

PAR M. VIARD;

OUVRAGE utile aux Enfants, qu'il conduit par degrés de l'alphabet à la connoissance des règles de la prononciation, de l'orthographe, de la ponctuation, de la grammaire et de la prosodie françoise: principalement destiné aux étrangers, auxquels on s'est proposé d'abréger l'étude de notre langue; et généralement adopté dans toutes les Ecoles de France.

NOUVELLE ÉDITION,

Corrigée et augmentée d'une Instruction sur la manière de faire lire ou réciter les Fables aux Enfants.

Ornée de 55 Vignettes.

AVIGNON,

CHEZ AMAND GUICHARD, IMPR-LIBR.

1829.

Le petit mauvais Sujet qui n'a pas voulu lire.

INSTRUCTION

Pour les personnes qui enseignent à lire.

On ne s'est pas assez appliqué jusqu'ici à faire connoître aux Enfants ce que chaque lettre est en elle-même. La première attention que l'on doit avoir, c'est de déterminer le son propre à chaque lettre. On leur a donné ici une dénomination particulière, afin de mieux faire sentir l'inflection de voix que chaque lettre exige, et qui la distingue d'une autre lettre à laquelle elle seroit unie.

On a mis à côté de chaque consonne de l'Alphabet romain, le son simple ou double qu'elle doit avoir.

La dénomination qu'on a donnée aux consonnes n'est pas une nouveauté ; elle est établie depuis long-temps par la Grammaire de Port-Royal, et par plusieurs autres bons ouvrages de ce genre.

Jusqu'ici, pour nommer les lettres F, H, L, M, N, R, S, X, on a fait dire aux Enfants *effe*, *ache*, *elle*, *eme*, *ene*, *ere*, *esse*, *ixe*. On a cru qu'il seroit mieux de mettre une voyelle à la suite de la consonne, et de faire prononcer *fe*, *he*, *le*, *me*, *ne*, *re*, *se*, *kse*, ou *gse*. Il est bien plus simple de ne faire entendre, après les lettres F, H, L, etc. qu'un *e* très-sourd, que de le faire précéder d'un *è* ouvert, qui laisse toujours subsister l'*e* sourd. Cette manière de prononcer épargne le son de l'*è* ouvert, par où commence *effe*, *elle*, etc. On y gagne aussi le son de l'*i* dans *ixe*, et les sons de *ha* et de *che*, qui se trouvent dans *hache*, et qui n'ont aucun rapport avec le son de la lettre *h*, par-tout où elle est employée. Il est étonnant que le bon sens n'ait pas encore fait réformer l'ancienne manière de dénommer les consonnes. Il est encore plus surprenant qu'on n'ait pas aperçu l'inconvenient de faire épeler les Enfants. Epeler, c'est, par exemple, pour prononcer le mot *bale*, faire dire *be a*, *ba ; elle e*, *le : bale. Be ê*, *bê ; te e*, *te : bête.* Il suffit de réfléchir sur le peu de rapport qu'il y a entre tous ces sons détachés et le mot qu'ils forment, pour s'apercevoir que la méthode que l'on adopte ici est la seule bonne, et la seule qu'il faut préférer. Toute l'opération consiste à simplifier les sons.

Règle générale : les Maîtres doivent faire attention de faire prononcer le *b*, dans l'alphabet, comme on le prononce dans la dernière syllabe du mot tombe, *il tombe.* Il faut aussi qu'ils fassent prononcer toutes les autres consonnes avec un *e* muet ; et à la vue de la lettre D, C, etc. faire dire *de*, comme dans ron*de* et deman*de* ; *ce*, comme dans ron*ce*, constan*ce*.

Pour ne point embarrasser l'élève qu'on instruit, il ne faut pas qu'on lui fasse lire rien de ce qui paroît mis pour instruire celui qui enseigne.

Il est encore essentiel d'avertir tout le monde de ne pas enjamber d'une page à l'autre, mais d'aller de leçon en leçon. Il est indispensable de faire répéter, à la fin de chaque semaine, ce qu'on a appris à l'Enfant que l'on instruit.

ALPHABETS ROMAIN ET ITALIQUE.

Figure de la lettre.	Nom de la lettre.	Figure de la lettre.	Nom de la lettre.
a		*a*	
b	be	*b*	*be*
c	ce *ou* que	*c*	*ce* ou *que*
d	de	*d*	*de*
e	e	*e*	
f	fe	*f*	*fe*
g	ge *ou* gue	*g*	*ge* ou *gue*
h	he	*h*	*he*
i		*i*	
j	je	*j*	*je*
k	ke	*k*	*ke*
l	le	*l*	*le*
m	me	*m*	*me*
n	ne	*n*	*ne*
o		*o*	
p	pe	*p*	*pe*
q	que	*q*	*que*
r	re	*r*	*re*
s	se *ou* ze	*s*	*se* ou *ze*
t	te *ou* si	*t*	*te* ou *si*
u		*u*	
v	ve	*v*	*ve*
x	kse *ou* gze	*x*	*kse* ou *gze*
y	i *ou* ye	*y*	*i* ou *y*
z	ze		*ze*

ALPHABET EN LETTRES MAJUSCULES.

Figure de la lettre.	*Nom de la lettre.*
A.	
B.	BE
C.	CE *ou* QUE
D.	DE
E.	
F.	FE
G.	GE *ou* GUE
H.	HE
I.	
J.	JE
K.	KE
L.	LE
M.	ME
N.	NE
O.	
P.	PE
Q.	QUE
R.	RE
S.	SE *ou* ZE
T.	TE *ou* SI
U.	
V.	VE
X.	KSE *ou* GZE
Y.	I *ou* YE
Z.	ZE

INTRUCTION

Pour les personnes qui enseignent à lire.

Pour s'assurer que l'élève connoît bien son alphabet, faites-le lui dire renversé, mêlé de toutes les manières possibles. Faites-lui toujours prononcer ou dénommer les consonnes comme elles sont marquées dans l'alphabet.

L'on doit remarquer dans ces premières leçons, que tout ce qui est discours et raisonnement, est fait pour le Maître, et non pour l'élève. On ne doit attacher le disciple qu'à ce qui est destiné aux leçons qui sont à sa portée.

Dites de vive voix à votre élève : Les lettres se divisent en voyelles et en consonnes. Il y a cinq voyelles et dix-neuf consonnes. Les voyelles sont :

A. E. I, *ou* Y. O. U.

Les dix-neuf consonnes sont :

B. C. D. F. G. H. J. K. L. M. N. P Q. R. S. T. V. X. Z.

Consonnes et voyelles mêlées ensemble.

c. d. b. g. a. m. n. o. p. q. e. r. s. t. v. u.

x. z. i. h. b. f. g. d. e. c. h. m. n. p. j. a. l. r. s. t. u. o. z.

Voyelles renversées.

u. o. y *ou* i. e. a.

Alphabet renversé, en romain.

z. y. x. v. u. t. s. r. q. p. o. n. m. l. k. j. i. h. g. f. e. d. c. b. a.

Alphabet mêlé, en romain.

p. k. n. r. m. e. d. u. j. l. g. s. z. q. b. h. c. i. a. f. x. o. t. y. v.

Alphabet mêlé, en romain, en italique, et en capitales.

j. b. a. z. r. x. h. g. n. s. c. P. U. I. D. O. T. E. Y. M. Q. L. F. V. H.

a. Z. b. y. c. X. d. *v.* e. V. f. *t.* g. S. *h.* r. i. Q. j. P. k. o. *l.* n. M.

Alphabet en capitales, romain.

A. B. C. D. E. F. G. H. I. J. K. L. M. N. O. P. Q. R. S. T. U. V. X. Y. Z.

Alphabet en romain, italique et capitales.

A. b. *c.* D. e. *f.* g. H. *i.* j. *K.* l. *m.* n. O. *p.* q. R. s. *t.* u. v. *x.* y. *z.*

INSTRUCTION

Pour les personnes qui enseignent à lire.

Dès que l'élève distingue bien les lettres, il faut lui faire connoître les caractères qui varient leurs intonations.

Les pages suivantes sont destinées à donner une première idée des caractères qu'on appelle *accents*; des trois sortes d'*e*, des deux *u v*, des deux *i j*, et des six consonnes qui ont un son double. On a cru devoir mettre ce tableau sous les yeux des Maîtres et Maîtresses, pour les avertir d'en donner aux enfants les premières notions.

Pour apprendre à distinguer les accents, il ne faut montrer que la colonne où ils se trouvent marqués. Ce qui est placé à côté d'eux, est destiné à instruire la personne qui les enseigne.

Il faut ensuite tâcher de faire entendre à l'élève, que les différentes sortes d'*e* viennent de ce que les accents dont ils sont marqués, leur donnent une articulation plus ou moins prononcée, parce qu'on appuie plus ou moins sur elle en les prononçant.

On a mis en marge des voyelles marquées d'un accent, des mots qui servent à déterminer la manière dont le Maître doit faire prononcer chaque voyelle. Pour le découvrir, il n'a qu'à prononcer les mots qui se trouvent dans les exemples.

Il faut faire remarquer que la même lettre se prononce différemment, dès qu'elle est marquée d'un accent aigu, grave, ou circonflexe; et que cette prononciation est toute différente, lorsqu'il n'y a point d'accent.

Dites de vive voix à votre élève, en lui montrant les accents: Il y a trois accents, l'accent aigu ´, l'accent grave `, et l'accent circonflexe ^.

´ L'accent aigu, est un caractère qui va de droite à gauche.

` L'accent grave, est un caractère qui va de gauche à droite.

^ L'accent circonflexe, est un caractère formé de l'accent grave et de l'accent aigu réunis et adossés; il se met sur cinq voyelles lorsqu'elles se prononcent lentement, comme dans les mots *âge*, *bête*, *fîle*, *dôme*, *mûse*, etc.

Dites aussi à votre élève, sans montrer autre chose que les caractères rangés perpendiculairement les uns sur les autres, qu'il y a deux sortes d'*i*; l'*i* voyelle et l'*j* consonne.

i L'*i* voyelle se figure *i*, et se prononce *i*.

j L'*j* consonne se figure *j*, et se prononce *je*.

Il y a aussi deux sortes d'*u* : l'*u* voyelle et l'*v* consonne.

u L'*u* voyelle se figure *u*, et se prononce *u*.

v L'*v* consonne se figure *v*, se prononce *ve*.

Les deux *j i* et les deux *u v* se trouvent dans le mot *juive*.

Faites remarquer qu'il y a trois sortes d'*e*; l'*e* muet, l'*é* fermé, l'*è* ouvert.

e L'*e* muet est l'*e* qui se prononce sourdement : c'est celui qui n'a point d'accent, comme on le peut voir dans les mots *loge*, *prince*, etc.

é L'*é* fermé est celui qui a un accent de droite à gauche ; *c'est l'accent aigu é*, comme dans les mots *santé*, *bonté*.

è L'*è* ouvert est celui qui a un accent de gauche à droite ; *c'est l'accent grave è*, comme dans les mots *accès*, *procès*, *abscès*, etc.

En montrant à votre élève les lettres *e*, *é*, *è*, *ê*, faites prononcer :

e L'*e* muet, comme dans la dernière syllabe du mot *pa-re*.

é L'*é* fermé, comme dans la dernière syllabe des mots *pa-ré*, *pa vé*.

L'*è* ouvert, comme dans le mot *très*.

L'*ê* marqué d'un accent circonflexe, comme dans la première syllabe des mots *bête*, *tête*.

o L'*o* comme dans la première syllabe du mot *to me*.

ô L'*ô* marqué d'un accent circonflexe, comme dans la première syllabe du mot *dô me.*

a L'*a* comme dans la première syllabe du mot *table.*

â L'*â* marqué d'un accent circonflexe, comme dans la première syllabe du mot *pâ te.*

i L'*i* comme dans la première syllabe du mot *hi-ver.*

î L'*î* marqué d'un accent circonflexe, comme dans la première syllabe du mot *fî le.*

u L'*u* comme dans la première syllabe du mot *tu-be.*

û L'*û* marqué d'un accent circonflexe, comme dans la première syllabes du mot *mû-se.*

Apprenez aussi à votre élève qu'il y a six consonnes qui ont un son double ; ce sont,

c. g. h. s. t. x.

ç se prononce *se*, *ss*, devant *e*, *i* ; *Cicéron.*

c se prononce *ka*, *ko*, *ku*, devant *a*, *o*, *u* ; *cave*, *côté*, *curé.*

g se prononce *je*, *ji*, devant *e*, *i* ; *genou*, *gibier.*

g se prononce *ga*, *go*, *gu*, devant *a*, *o*, *u* ; *gâteau*, *gosier*, *guenon.*

g se prononce *g*, *j* dans le mot *gage.*

h se prononce *hâ*, *hê*, *hi*, *ho*, *hu*, dans *hâte*, *hêtre*, *hibou*, *hotte*, *hûre* ; alors on l'appelle *h* aspirée.

h ne se prononce point du tout dans *habit*, *Hélène*, *hiver*, *hôte* ; alors on l'appelle *h* non aspirée.

s se prononce *sa*, *se*, *si*, *so*, *su*, au commencement des mots *sale*, *sève*, *sire*, *sole*, *suite*; et lorsqu'elle est précédée d'une consonne, comme dans le mot *danse*.

s se prononce *z*, entre deux voyelles, *case*, *lésé*, *bise*, *ruse*, etc.

t se prononce *ti*, au commencement des mots *tige*, *tigre*, *tison*, etc.

t se prononce *si*, dans *abbatial ambitieux*, *captieux*, etc.

x se prononce *kse*, dans *Alexandre*, *Alexis*.

x se prononce *gz*, dans *examen*, *exemple*.

INSTRUCTION

Pour les personnes qui enseignent à lire.

L'ÉLÈVE connoissant bien exactement les consonnes, les différentes articulations que leur donnent les voyelles *a*, *e*, *i*, *o*, *u*, et celles que les voyelles empruntent des accents, il faut lui faire lire de suite la table où toutes les consonnes sont unies avec toutes les voyelles. Elle commence par *ba*, *be*, *bé*, *bè*, etc. Il faut lui faire lire d'abord chaque ligne horisontalement, c'est-à-dire, *ba*, *be*, *bé*, *bè*, *bi*, *bo*, *bu*; passer ensuite à la seconde colonne: observer surtout de ne le point faire épeler en l'aidant à prononcer les sons et les syllabes: ainsi il ne faut pas lui faire dire *be*, *a*, *ba*; *be*, *e*, *be*; *be*, *i bi*; mais tout d'un coup *ba*, *be*, *bi*; l'avantage de cette méthode est de faire connoître que les consonnes ont toujours besoin d'une voyelle pour être articulée, que *b* devant *a* s'appelle *ba*; *b* devant o, s'appelle *bo*, etc.

Sons formés d'une consonne et d'une voyelle.

Ba	be	bé	bè	bê	bi	bo	bu
ca	ce	cé	cè	cê	ci	co	cu
da	de	dé	dè	dê	di	do	du
fa	fe	fé	fè	fê	fi	fo	fu
ga	ge	gé	gè	gê	gi	go	gu
ha	he	hé	hè	hê	hi	ho	hu
ja	je	jé	jè	jê	ji	jo	ju
la	le	lé	lè	lê	li	lo	lu
ma	me	mé	mè	mê	mi	mo	mu
na	ne	né	nè	nê	ni	no	nu
pa	pe	pé	pè	pê	pi	po	pu
qua	que	qué	què	quê	qui	quo	quu
ra	re	ré	rè	rê	ri	ro	ru
sa	se	sé	sè	sê	si	so	su
ta	te	té	tè	tê	ti	to	tu
va	ve	vé	vè	vê	vi	vo	vu
xa	xe	xé	xè	xê	xi	xo	xu
ya	ye	yé	yè	yê	yi	yo	yu
za	ze	zé	zè	zê	zi	zo	zu

INSTRUCTION

Pour les personnes qui enseignent à lire.

Dès que l'élève connoît bien les sons différents qui résultent de l'union de toutes les voyelles avec les consonnes, il faut s'attacher à lui faire lire le tableau alphabétique des mots de deux syllabes: on s'est attaché à n'y mettre que des sons qui se trouvent dans le tableau, et qui sont formés d'une consonne et d'une voyelle.

Il faut suivre le même procédé aux pages 18 et 19: ces deux pages présentent une double nouveauté, en ce que, premièrement, la voyelle qui, à la p. 17, se trouve après la consonne *b*, etc. se trouve ici avant cette même consonne *b*; secondement, en ce que les mots de la dix-neuvième page, formés des sons de la dix-huitième, sont de trois syllabes.

Les pages 20 et 21 présentent deux tables de mots de quatre syllabes. La première syllabe de chaque colonne commence par l'une des cinq voyelles, mises tantôt après la consonne, et tantôt avant la même consonne, autant qu'il a été possible de le faire.

Mots de deux syllabes formés des mêmes sons.

Ba le, bê te, bî se, bo bo, bu re,
ca ve, cè ne, ci re, cô ne, cu ve,
da me, de mi, dî me, dô me, du pe,
fa ce, fê lé, fî le, fo ré, fu té,
ga ge, gê ne, gî te, go be, gu é,
hâ le, hè re, hi re, hô te, hu re,
Ja va, Je su, jo li, ju ge,
la ve, le vé, li me, lo ge, lu ne,
mâ le, mè re, mi ne, mo de, mu le,
na pe, né ra, Ni ce, nô ce, nu e,
Pa pe, pè re, pi pe, pô le, pu ce,
qua si, quê te, Qui to, quô te, qu'u ne,
ra ve, rê ve, ri me, ro be, ru se,
sa le, sè ve, si re, so le, Su ze,
ta xe, tê te, ti ge, to me, tu be,
va se, ve lu, vi ce, vo lé, vu e,

Sons formés d'une voyelle et d'une consonne.

Ab	eb	éb	èb	ib	ob	ub
ac	ec	éc	èc	ic	oc	uc
ad	ed	éd	èd	id	od	ud
af	ef	éf	èf	if	of	uf
ag	eg	ég	èg	ig	og	ug
al	el	él	èl	il	ol	ul
am	em	ém	èm	im	om	um
an	en	én	èn	in	on	un
ap	ep	ép	èp	ip	op	up
aq	eq	éq	èq	iq	oq	uq
ar	er	ér	èr	ir	or	ur
as	es	és	ès	is	os	us
at	et	ét	èt	it	ot	ut
av	ev	év	èv	iv	ov	uv
ax	ex	éx	èx	ix	ox	ux
az	ez	éz	èz	iz	oz	uz

Mots de trois syllabes formés des mêmes sons.

Ab ba tu,	é be ne,	o bo le,
ac cu sé,	é co le,	oc cu pé,
ad mi ré,	E di le	i do le,
af fu té,	ef fa cé,	of fi ce,
a ga cé,	é ga ré,	i gné e,
al lu re,	é lo ge,	o li ve,
am bi gu,	em bal lé,	i ma ge,
an nu el,	en ne mi,	in vi té,
ap pe lé,	é pi lé,	o pé ra,
a qua ti que,	é qui no xe,	
ar rê té,	er ro né,	ir ri té,
as si du,	es ti mé,	Is ma ël,
At ta le,	é to fe,	u ti le,
a va re,	é vi té,	o va le,
a xi o me,	ex ta se,	I xi on,
A zi me,	O zé e,	O zi as,

Mots, la plupart de quatre syllabes, formés des sons précédens.

Ba di nage,	bé né fi ce,	bi ga ra de,
ca pi ta le,	cé lé ri té,	ci vi li té,
ac ti vi té,	é co li er,	ic té ri que,
da ri o le,	dé fi gu ré,	di vi ni té,
ad di ti on,	é di fi ce,	I du mé en,
fa ci li té,	fé li ci té,	fi dé li té,
af fi na ge,	ef fi ca ce,	I phi gé ni e,
Ga ni mè de,	gé né ra le,	gi bé ci è re,
ha bi tu de,	hé roï que,	Hi po li te,
la ti tu de,	lé gé re té,	li mo na de,
al li an ce,	el lé bo re,	il lu si on,
ma gi ci en,	mé de ci ne,	mi né ra le,
A ma zô ne,	é mé ti que,	im mé di at,
na ti vi té,	né ga ti ve,	Ni co laï,
a né an ti,	en ne mi e,	in dé fi ni,
pa ci fi que,	pé lé ri ne,	py ra mi de,
a pa na ge,	é pi so de,	i pé ca cu a na,
ra ta ti né,	ré vo lu ti on,	ri di cu le,
ar ti fi ce,	er ro né,	i ro ni e,
sa ga ci té,	sé cu ri té,	si mo ni e,
as so ci é,	e xé cu té,	Is sa char,
ta ni è re,	Es cu la pe,	ti mi di té,
at ti tu de,	té mé ri té,	I ta li e,
va ca ti on,	é ta la ge,	vi va ci té,
a va ri ce,	Vé ro ni que,	I vi ce,
exa gô ne,	é va po ré,	e xi lé

Mots, la plupart de quatre syllabes, formés des sons précédens.

Bo ta ni que,
co mé di en,
oc ca si on,
do ci li té,
o di eu se,
fol li cu le,
of fi ci al,
go si er,
ho nê te té,
lo gi ci en,
o li vi er,
mo no po le,
om bra ge,
no va ti on,
on da ti on,
po li gô ne,
o pi ni on,
ro tu ri er,
or tho do xe,
so li tu de,
o si er,
to pi que,
ot to ma ne,
vo la ti le,
o va ti on,
Ex o de,

bu co li que,
cu pi di té,
oc to gô ne,
du pe ri e,
U di ne,
fu ti li té,

gu tu ra le,
hu mi li té,
lu na ti que,
ul cè re,
mu tu el le,
om bi lic,
nu mé ra le,
u na ni me,
pu ri fi é,
Up sal,
ru ba ni er,
ur ba ni té,
su jé ti on,
u su ri er,
tu li pe,
u té ri ne,
vul ga re,
Xé no phon
ex hu mé,

INSTRUCTION

Pour les personnes qui enseignent à lire.

Il y a des mots qui commencent par deux consonnes, on a réuni sous un même coup-d'œil les combinaisons différentes qu'elles peuvent former. La colonne qui les renferme est une des plus essentielles de cette méthode.

En prononçant les sons *ble*, *bre*, etc. il faut avoir soin de ne pas faire épeler. Au lieu de faire dire à l'enfant, *be*, *elle*, *ble*; *be*, *ere*, *bre*, il faut lui faire prononcer tout de suite et sans épeler, *ble*, *bre*, comme on prononce la dernière syllabe des mots *table*, *sabre*.

Les pages, 26, 27, 28, 29, sont composées de mots et de sons formés de plusieurs consonnes et de simples voyelles. Un enfant n'aura pas grande difficulté à les prononcer lorsqu'il aura été bien exercé sur les pages 23, 24 et 25; il faut pour cela, lui faire prononcer exactement chaque son, sans en décomposer les lettres, en suivant l'ordre des cinq voyelles; et ensuite perpendiculairement, c'est-à-dire, en faisant parcourir chaque colonne de haut en bas et de bas en haut.

Sons formés de deux consonnes et d'une voyelle.

Bla	ble	bli	blo	blu
bra	bre	bri	bro	bru
cha	che	chi	cho	chu
chra	chre	chri	chro	chru
cla	cle	cli	clo	clu
cra	cre	cri	cro	cru
dra	dre	dri	dro	dru
fla	fle	fli	flo	flu
fra	fre	fri	fro	fru
phra	phre	phri		
pha	phe	phi	pho	phu
phla	phle	phli	phlo	phlu
gla	gle	gli	glo	glu
gna	gne	gni	gno	gnu
gra	gre	gri	gro	gru
pla	ple	pli	plo	plu
pra	pre	pri	pro	pru
rha	rhe	rhi	rho	rhu
sça	sçe	sçi		
sca			sco	scu
spa	spe	spi	spo	spu
sta	ste	sti	sto	stu
tha	the	thi	tho	thu
thra	thre	thri	thro	
tra	tre	tri	tro	tru
vra	vre	vri	vro	

Sons formés des mêmes deux consonnes et d'une voyelle dans un ordre renversé.

Vra	vre	vri	vro	
tra	tre	tri	tro	tru
thra	thre	thri	thro	
tha	the	thi	tho	thu
sta	ste	sti	sto	stu
spa	spe	spi	spo	spu
sca			sco	scu
sça	sçe	sçi		
rha	rhe	rhi	rho	rhu
pra	pre	pri	pro	pru
ple	ple	pli	plo	plu
gra	gre	gri	gro	gru
gna	gne	gni	gno	gnu
gla	gle	gli	glo	glu
phla	phle	phli	phlo	phlu
pha	phe	phi	pho	phu
phru	phre	phri		
fra	fre	fri	fro	fru
fla	fle	fli	flo	flu
dra	dre	dri	dro	dru
cra	cre	cri	cro	cru
cla	cle	cli	clo	clu
chra	chre	chri	chro	chru
cha	che	chi	cho	chu
bra	bre	bri	bro	bru
bla	ble	bli	blo	blu

Sons formés des deux mêmes consonnes et d'une voyelle.

Tha	the	thi	tho	thu
gla	gle	gli	glo	glu
dra	dre	dri	dro	dru
bla	ble	bli	blo	blu
sca			sco	scu
gra	gre	gri	gro	gru
sta	ste	sti	sto	stu
pla	ple	pli	plo	plu
fla	fle	fli	flo	flu
chra	chre	chri	chro	chru
rha	rhe	rhi	rho	rhu
tra	tre	tri	tro	tru
pra	pre	pri	pro	pru
cha	che	chi	cho	chu
phra	phre	phri		
pha	phe	phi	pho	phu
cla	cle	cli	clo	clu
vra	vre	vri	vro	
thra	thre	thri	thro	
spa	spe	spi	spo	spu
sça	sce	sci		
gna	gne	gni	gno	gnu
phla	phle	phli	phlo	phlu
fra	fre	fri	fro	fru
cra	cre	cri	cro	cru
bra	bre	bri	bro	bru

Mots de différentes syllabes composés des sons précédens.

blâ me,	blê me,
bra ve,	brè ve
chas se,	chê ne,
Chram ne,	Chrè me,
cla vier,	clé men ce,
cra be,	crê che,
dra pé,	dres sé,
flat té,	flè che,
fra cas,	frè re,
phra se,	phré né sie,
gla ce,	glè be,
I gna ce,	A gnès,
gra pe	grê le,
pha re,	phé nix,
phlé bo to mi e,	phleg ma ti que,
pla ce,	plé nier,
pra ti que,	prê tre,
rha bil lé,	rhé teur,
sça vant,	scè ne,
Sca ron,	Sca man dre,
spa dil le,	spé ci fi que,
sta de,	Sté tin,
Tha li e,	thê me,
Thra ce,	thré sor,
tra pe,	trè ve,
i vre.	I vri,

Mots de différentes syllabes, composés des sons précédens.

blin de,	blo qué,	blu te,
bri sé,	bro dé,	bru ne,
chi le,	cho se,	chû te,
Chris ti ne,	chro ni que,	chru din,
Cli mè ne,	clo che,	Clu ni,
cri me,	cro che,	cru che,
dri a de,	drô le,	Dru ï de,
fli pot,	flo re,	flû te,
fri sé,	frot té,	fru gal,
Phri gi e,		
glis sa de,	glo be,	glu ant,
dig ni té,	i gno ré,	ro gnu re,
gri ve,	grot te,	gru ri e,
phi si que,	phos pho re,	
Pli ne,	plom bé,	plu me,
pri me,	prô ne,	pru ne,
Rhin,	Rhô ne,	rhu me,
Si am,	scis si on,	sci u re,
Scot,	scor pi on,	Scu dé ri,
spi ra le,	spon dé e,	
sti le,	sto rax,	stu pi de,
thim,	Tho mas,	Thu ci di de,
	trô ne,	
Tri po li,	tro pe,	tru fe,
	i vro gne,	

Mots de différentes syllabes, composés des sons précédens.

blan chir,	bles su re,	blin da ge;
bras se ri e,	Bres se,	brim ba le,
char ni er,	Cher so nè se,	chif fo né,
clas si que,	cler gé,	clis tè re,
cram po né,	cres sel le,	clis ta lin,
drag me,	Dres de,	dril le,
flat te ri e,	fleu ret te,	flic flac,
fran chir,	fré quen ce,	fric ti on,
glan du le,	glet te,	glis sa de,
i gna re,	in di gne,	di gni té,
gras sé yer,	Gre na de,	gri ot te,
phan tô me,	Phé ni c ie,	phil tre,
plai do yer,	plé ni tu de,	plis su re,
prag ma tique,	pren dre,	prin ci pale
Rhadamante,	rhé to ri que,	rhi no cé ros,
scan da le,	scè ne,	sci a ge,
spa tu le,	spec ta cle,	spi ri tu el,
stan ce,	ster lin,	stig ma tes,
tran quil le,	tren ti è me,	tris tes se,

Mots de différentes syllabes, composés des sons précédens.

blon di ne,
bron zé,
cho co lat,
clo chet te,
cros se,
dro gue,
flot ta ge,
fron de,
glo bu le,
i gno ré,
gros se,
phos pho re,
plon ge on,
pros crit,
ro do mon ta de,
scor pi on,
spon ta né,
sto ma cal,
trom pe rie,

blu et te,
brus que rie,
chû te,
Clu nis te,
cru ci fix,
Dru ï de,
flu xi on,
frus tré,
glu ti na tif,
ro gnu re,
gru ri e,
phy si que,
plu ma ge,
pru den ce,
rhu ma tis me,
Scu dé ri,
spu mo si té,
stu pi di té,
trui te,

INSTRUCTION

Pour les personnes qui enseignent à lire.

Si les consonnes empruntent des voyelles des sons différents, les voyelles unies les unes aux autres, forment avec les consonnes dont elles sont suivies, des sons infiniment variés, sur lesquels il est important de fixer l'attention des jeunes personnes. Les tables suivantes offrent un grand nombre de sons tous formés de l'union de plusieurs voyelles. Afin de sauver aux personnes qui instruisent, l'embarras de les articulér avec netteté, on a mis à côté de chaque son, des mots dans lesquels sont employés les sons qu'on doit faire prononcer à un enfant.

Il faut faire remarquer aux élèves les articulations différentes qui donnent aux voyelles, les deux points qu'elles portent en tête, comme dans *laïc*, *aëré*, etc.

Voyelles unies à d'autres voyelles, ou placées à leur suite, et formant avec les consonnes ou les voyelles dont elles sont suivies, une ou plusieurs syllabes.

on prononce	comme dans	on prononce	comme dans
Aë	*aë* ré	aon	P*aon*
æa	*Æa* que	août	*Août*
aen	C *aen*	aoux	ch *aoux*
ai	bal *ai*	au	P *au*
aî	f *aî* tière	aüs	Em *aüs*
aï	l *aï* c	aud	ch *aud*
aie	h *aie*	aul	P *aul*
aient	p *aient*	aulx	f *aulx*
aïeul	bis *aïeul*	aoul	s *aoul*
aïde	Adel *aïde*	aur	M *aur*
ail	b *ail*	aut	f *aut*
aille	can *aille*	aux	ch aux
aim	ess *aim*	ay	C *ay* lus
ain	p *ain*	aya	attr *aya* nt
ains	m *ains*	ayé	r *ayé*
aint	cr *aint*	ayen	Bisc *ayen*
air	ch *air*	ayer	bég *ayer*
aire	cappill *aire*	ayeux	B *ayeux*
ais	d *ais*	ayon	cr *ayon*
aïs	m *aïs*		
ait	f *ait*	ea	mang *ea*
aix	p *aix*	ean	J *ean*
ao	Cac *ao*	eant	afflig *eant*

on prononce	comme dans	on prononce	comme dans
éal	Bor *éal*	euil	d *euil*
éar	B *éar* nois	euille	f *euille*
éat	b *éat*	eur	p *eur*
eau	gât *eau*	eut	p *eut*
eaux	moin *eaux*	eux	d *eux*
ée	nu ée	ey	Bug *ey*
éen	Idum *éen*		
ées	ach *ées*	iable	chât *iable*
éïa	pl *éïa* de	iade	Dr *iade*
éide	Nér *éide*	ia	mar *ia* ge
eil	or *teil*	ial	offic *ial*
eille	bout *eille*	iam	S *iam*
éïen	pleb *eïen*	ian	all *ian* ce
eim	Benh *eim*	iand	fr *iand*
ein	fr *ein*	iard	l *iard*
eindre	f *eindre*	ias	Os *ias*
eint	p *eint*	iat	op *iat*
eing	s *eing*	iâtre	opin *iâtre*
eïo	Ang *eïo* logie	iau	fabl *iau*
eoir	ass *eoir*	iaux	best *iaux*
eois	bourg *eois*	ie	p *ie*
éole	alv *éole*	iée	mar *iée*
eon	pig *eon*	iel	m *iel*
eot	mig *eot* er	ième	trent *ième*
eu	bl *eu*	ien	magic *ien*
euf	b *euf*	ieux	Br *ieux*
eufs	n *eufs*	ient	t *ient*

on prononce	comme dans
ier	chart *ier*
ière	ton *ière*
iers	f *iers*
iette	d *iette*
ieu	l *ieu*
ieue	banl *ieue*
ieux	p *ieux*
ïo	Cl *ïo*
iole	bab *iole*
iu	Ab *iu*
ya	Dr *ya* de
yen	Ca *yen* ne
yer	plaido *yer*
yon	Ba *yon* nois
oa	c *oa* guler
oard	béz *oard*
œil	*œil*
œufs	*œufs*
œur	s *œur*
œu	*œu* vre
oé	c *oé* ternel
oë	c *oë* ffe
oi	effr *oi*
oî	cr *oî* tre.
oï	M *oï* se
oie	j *oie*

on prononce	comme dans
oo	c *oo* pérateur
ou	f *ou*
ouac	biv *ouac*
ouade	esc *ouade*
ouage	Br *ouage*
oud	c *oud* e
oue	Cord *oue*
oué	d *oué*
ouer	av *ouer*
ouet	j *ouet*
ouette	ch *ouette*
oug	j *oug*
oui	réj *oui*
ouie	*ouie*
ouin	bab *ouin*
ouil	b *ouil* li
ouille	citr *ouille*
ouir	évan *ouir*
ouis	b *ouis*
oul	Capit *oul*
oup	c *oup*
our	am *our*
ourd	l *ourd*
ours	j *ours*
oux	courr *oux*
oust	ac *oust* ique

on prononce	comme dans	on prononce	comme dans
ua	alg *ua* sil	uir	f *uir*
uan	Dom J *uam*	uire	c *uire*
uant	p *uant*	uis	Pert *uis*
uau	cr *uau* té	uiss	b *uisson*
uë	barb *uë*	uist	c *uist* re
uée	n *uée*	uit	br *uit*
uer	arg *uer*	uite	tr *uite*
uet	m *uet*	uits	fr *uits*
uette	l *uette*	uivre	c *uivre*
ueux	anfract *ueux*	uüm	D *uüm* vir
ui	app *ui*	uyer	app *uyer*
uide	Dr *uïde*		
uids	m *uids*	ya	Bo *ya* rd
uïe	pl *uïe*	yau	alo *yau*
uif	s *uif*	yen	do *yen*
uifs	J *uifs*	yer	cou do *yer*
uin	J *uin*	yeur	gibo *yeur*
uil	c *uil* lère	yeux	jo *yeux*
uille	aig *uille*		

INSTRUCTION

Pour les personnes qui enseignent à lire.

Les pages 36, 37, 38, et 39 présentent une suite de mots monosyllabes, suivant l'ordre alphabétique : on y en a fait entrer le plus qu'il a été possible, sans trop s'attacher au sens : parce que les enfants ont toujours beaucoup de peine à bien lire ces sortes de mots.

On a encore séparé la consonne simple ou double, de la voyelle, afin que les élèves en saisissent mieux l'ensemble et le résultat en les rapprochant eux-mêmes.

Pour les accoutumer à lire hardiment deux mots monosyllabes à la fois, on a rapproché les mêmes monosyllabes, depuis la page 40 jusqu'à la page 42; cet exercice prépare à quelques petites lectures en monosyllabes qui se trouvent à la page 45. L'élève s'en tirera parfaitement, s'il a été bien exercé sur les deux tables de monosyllabes ; ces petits triomphes allument le courage des enfants ; il ne faut jamais manquer à leur en ménager.

Monosyllabes qu'il faut faire lire d'abord par sons séparés, et ensuite tout d'un mots.

B-ail	bail	cl-oud	cloud	d-ain	dain
b-ain	bain	ch-air	chair	d-ais	dais
b-eau	beau	ch-aud	chaud	d-eux	deux
b-eaux	beaux	ch-aux	chaux	d-euil	deuil
b-aux	baux	ch-œur	chœur	D-ieu	Dieu
b-œuf	bœuf	c-œur	cœur	d-ieux	dieux
b-œufs	bœufs	ch-ien	chien	d-ois	dois
bl-eu	bleu	ch-ou	chou	d-oit	doit
b-ien	bien	ch-oux	choux	d-oigts	doigts
b-iais	biais	ch-oix	choix	d'-où	d'où
b-ouc	bouc	ch-oir	choir	d-oux	doux
b-oue	boue	ch-ois	chois	dr-oit	droit
b-ois	bois	c-oin	coin	d-rue	drue
b-ourg	bourg	c-oing	coing	Dr-eux	Dreux
b-out	bout	c-ou	cou		
br-uit	bruit	c-oup	coup	f-aut	faut
b-uis	buis	c-oût	coût	f-aux	faux
		c-our	cour	f-aulx	faulx
c-ap	cap	c-ours	cours	f-aim	faim
C-aen	Caen	c-ourt	court	f-ait	fait
C-aux	Caux	cr-aie	craie	f-aits	faits
c-eux	ceux	cr-aint	craint	f-aix	faix
c-eint	ceint	cr-eux	creux	fa-on	faon
c-iel	ciel	cr-oix	croix	f-eu	feu
c-ieux	cieux	cr-ois	crois	f-eux	feux
cl-aie	claie	cr-oit	croit	f-eint	feint
cl-air	clair	cr-ue	crue	f-ier	fier
cl-ou	clou	cu-ir	cuir	fl-eur	fleur
cl-oux	cloux	cu-it	cuit	f-oi	foi

f-oie	foie
F-oix	Foix
f-ois	fois
f-oin	foin
f-ouet	fouet
f-oux	foux
f-our	four
fr-ais	frais
fr-ein	frein
fr-oid	froid
fr-uit	fruit
fr-uits	fruits
f-uir	fuir
f-uis	fuis
f-uit	fuit
g-ai	gai
g-ain	gain
g-eai	geai
gu-é	g-ué
gu-et	guet
gu-eux	gueux
g-oût	goût
gr-ain	grain
gr-ains	grains
g-rais	grais
gr-ue	grue
gr-ouin	grouin
h-aie	haie
h-ait	hait
h-aut	haut
h-ier	hier
h-oue	houe
h-oux	houx
h-uit	huit
j'-ai	j'ai
j'-aie	j'aie
J-ean	Jean
j-eu	jeu
j-eux	jeux
j-eus	j'eus
j-oie	joie
j-ouet	jouet
j-ouets	jouets
j-ouer	jouer
j-oue	joue
j-ouent	jouent
j-oug	joug
j-our	jour
j-ours	jours
J-uif	Juif
J-uifs	Juifs
J-uin	Juin
l-aïc	laïc
l-aid	laid
l'-air	l'air
l'-aie	l'aie
l'eau	l'eau
L-eu	Leu
l-eur	leur
l-eurs	leurs
l-ie	lie
l-ien	lien
l-ient	lient
l-ieu	lieu
l-ieux	lieux
l-ieue	lieue
l-oi	loi
l-oix	loix
l-oin	loin
l-oue	loüe
l-ouent	louent
l-oüé	loüé
L-ouis	Louis
l-oup	loup
l-oups	loups
l-ourd	lourd
l-ui	lui
M-ai	Mai
m-ail	mail
m-ain	main
m-ains	mains
M-aur	Maur
m-aux	maux
M-eaux	Meaux
m-ien	mien
m-ieux	mieux
m-eus	meus
m-eut	meut
m-eurs	meurs
m-eurt	meurt
m-œurs	mœurs
m-ien	mien
m-ie	mie
m-iel	miel
m-oi	moi
m-oins	moins
m-ois	mois

m-ou	mou	p-eint	peint	qu-ant	quant
m-oue	moue	p-ie	pie	qu-el	quel
m-uet	muet	p-ied	pied	qu-eue	queue
mu-ids	muids	p-ieds	pieds	qu'-eux	qu'eux
		p-ieu	pieu	qu'-il	qu'il
n-ain	nain	p-ieux	pieux	qu'-oi	quoi
n-œud	nœud	pl-aie	plaie	qu-int	quint
n-œuds	nœuds	pl-ais	plais	qu'-on	qu'on
n-euf	neuf	pl-aît	plaît	qu'-un	qu'un
n-ie	nie	pl-ains	plains		
n-iais	niais	pl-aint	plaint	r-aie	raie
N-oël	Noël	pl-ein	plein	r-eins	reins
n-oir	noir	pl-ie	plie	R-eims	Reims
n-oix	noix	pl-ient	plient	ri-en	rien
n-oueux	noueux	pl-eurs	pleurs	R-oi	Roi
n-ous	nous	pl-eut	pleut	r-oue	roue
n-uit	nuit	pl-uie	pluie	ro-ux	roux
n-ue	nue	p-oids	poids	R-ouen	Rouen
n-uée	nuée	p-ois	pois	r-ouet	rouet
		p-oix	poix	r-ouer	rouer
p-ain	pain	p-oint	point	r-ou	rou
p-aîs	paîs	p-oing	poing		
p-aît	paît	p-oil	poil	s-aie	saie
p-aix	paix	p-oils	poils	s-ais	sais
p-aïs	païs	p-oulx	poulx	s-ain	sain
p-aie	paie	pr-ie	prie	s-aint	saint
p-air	pair	pr-ient	prient	s-ait	sait
p-aon	paon	pr-oie	proie	s-auf	sauf
P-aul	Paul	pr-oue	proue	s-aut	saut
p-eau	peau	p-uits	puits	s-eaux	seaux
p-eur	peur			sc-eau	sceau
p-eu	peu	qu-ai	quai	s-ein	sein
p-eus	peus	quart	quart	s-eing	seing
p-eut	peut	qu-and	quand	s-œur	sœur

s-aoul saoul
s-eul seul
s-euil seuil
sc-ie scie
sc-ient scient
s-ien sien
s-oi soi
s-oie soie
s-oin soin
s-oir soir
s-ois sois
s-oit soit
s-oient soient
s-oif soif
s-ourd sourd
s-ous sous
s-uie suie
s-uis suis
s-uif suif
s-uit suit

t-aie taie
t-aux taux

t-eins teins
t-eint teint
t-ien tien
t-iens tiens
t-ient tient
t-iers tiers
t-ous tous
t-out tout
t-oux toux
t-oit toit
tr-ain train
tr-ait trait
tr-aits traits
tr-ois trois
Tr-oie Troie
t-our tour
T-ours Tours
trou trou
tr-oué troué
tr-oue troue

v-aut vaut
v-eau veau

v-eaux veaux
v-ain vain
v-air vair
v-œu vœu
v-œux vœux
v-eut veut
v-ie vie
v-ieil vieil
v-ieux vieux
v-iens viens
v-ient vient
v-oie voie
v-oix voix
v-oir voir
v-ois vois
v-oit voit
v-oient voient
vr-ai vrai
v-ue vue
v-ues vues

y-eux yeux

Monosyllabes et dissyllabes composés de monosyllabes précédens simples.

Air fier
ail-leurs
ait eu
Août chaud
au mieux
aux cieux
aient lieu

bail-leur
bain froid
beau jeu
beaux jeux
bœuf noir
bleu clair
bien fait
biai-ser
bou-quin
bou-eux
bout-à-bout
bois-seau
bou te-feu
bruit sourd
buis court

cail-lou
cent au-tour
ciel bleu
cieux en feu
claie de bois
clou droit
clair et frais
chair crue
chaud et froid
chaux et craie
chou fleur
cœur de roi
chien fou
coing cuit
coup de feu
cou-teau
cou-cou
cou de bœuf
courte joie
cours droit
craie et chaux
creu et plein
croix de buis
crois-moi
cuir et chair
cuit au four
crue d'eau

dais en l'air
dain vieux
deuil de cour
deux à deux
dieu des dieux
doigt au trou
doigts cours
doit tout
doux au cœur
droit et haut

eau-de-vie
eux et vous
œuf frais
œufs cuits
œil de bœuf

faux seing
faim et soif
fais bien
fais-ceaux
fait à tout
fait au tour
faix lourd
feu de bois
feux de nuit
feint et faux
fier et haut
fleur et fruit
foie de veau
foi de roi
foin et grain
fouet de cuir
four chaud
frais et gai
frein doux
froid noir
fruits et fleurs

fuir loin

gai et gué
geai noir
guet à pied
gueux à rouer
grains et foins
grue en l'air
grouin de truie

haie de buis
haut et fier
hier au soir
houx noueux
houe de bois
huis clos
huit fois

Jean et Louis
jeu d'oie
jeu de main
j'eus hier
joie au cœur
jouet à jouer
joue à joue
jour et nuit
joug et Juif
Juin et Mai

laid et fou
lait chaud
laie et loup
l'air et l'eau
lie et Leu

lient tout
lieux saints
lieue loin
loi et loix
loin d'eux
Louis trois
loup et laie
lui et vous

Mai et Juin
mail à jouer
mainte-fois
main-tien
mais au moins
Maur et Louis
maux de cœur
meus et meut
le mien le tien
mieux fait
meurs et meurt
mie de pain
miel doux
moi et eux
mois d'Août
moins bien
mou leur
muet et sourd
muids d'eau

nain-à-pied
neuf et trois
nie et nient
noir de peau
Noël et Jean

noue et nouent
noué en deux
nous et eux
nuit et jour
nue et nuée

oit et oient
oie et ouais
oui et ouies
oint et saint
ouïr et voir
ours noir

pain cuit
paix de Dieu
pays de Caux
paie de roi
pair laïc
paon en l'air
peau de chien
Paul et Louis
peur et fuir
peu à-peu
peint en beau
pieu de bois
pied à pied
pied de roi
plaît à Dieu
plaint de tous
plein d'eau
plie et plient
poids et poix
pois en fleurs
pleurs et pleut

peut-on voir
point du tout
poingt court
poil roux
plaie au cœur
pluie en l'air
prie Dieu
prient tous
proue à l'eau
puits et sceau

quai neuf
quart et quint
quand et quand
quel qu'il soit
queue de loup
quoi qu'il ait
quint et quart
qu'un y soit
qu'on le lie

raye et rayent
raie et reins
Reims et Rouen
rien en tout
Roi des Rois
roue et rouet
roux et bleu
rouet et roue

rue S. Louis

sain et sauf
Saint Leu
saute en l'air
sceau du roi
sein et sceaux
sein et saints
sœur de lait
saoul de tout
seul à seul
seuil de bois
scie à main
scieurs de bois
le sien le mien
soif et faim
sois seul
soin à tout
soir et soie
sois à moi
soit et soient
sourd à tous
sous la main
suie en feu
suit à pied
suif neuf
suis-moi

taie à l'œil
tout et tous
teint en noir
tient bien
tout en haut
toit en feu
trait en trois
trais de feu
train de bois
trois à trois
Troie et Tours
tour à tour
trou et truie

vau-rien
veau cuit
veaux noirs
vain et fier
vair et vieil
vœux au ciel
veut et vœux
vie des Saints
viens et vient
vieux oing
voie de lait
voie en haut
voit le jour
vois et voient
vrai et faux
voix et vue

PIÈCE DE LECTURE

Composée de monosyllabes.

DIEU a fait le Ciel et tout ce qu'on voit sous les Cieux, tout ce qui est dans les eaux, et en tous lieux. Il a fait le jour et la nuit.

Dieu voit tout. Il voit le bien et le mal qu'on fait. Il voit tout ce qui est dans nos cœurs. Dieu fait tout ce qui lui plaît. Il a fait tout ce qui est dans les airs. Il tient tous les biens dans sa main.

Dieu est le Roi des Rois, le Saint des Saints, le Dieu des Dieux. Nos vœux et nos cœurs sont ce qui lui plaît le mieux. Quand on a la foi on croit tout ce qu'il a fait pour nous.

INSTRUCTION

Pour les personnes qui enseignent à lire.

LES sons composés qui déterminent les différents temps des verbes, embarrassent long-temps les enfants. Pour y remédier, on a fait entrer dans les pages 45, 46, 47, 48, une suite des verbes de deux, de trois et de quatre syllabes rangés par ordre alphabétique; on y a rapproché les terminaisons *ent*, *ant*, *oit et oient*, que les enfans confondent ordinairement. Il faut avoir soin de les bien exercer sur ces différentes terminaisons, ils n'y trouveront plus aucune difficulté dans la suite.

Les pages 49 et 50, contiennent une suite de petites phrases, où l'on a rapproché les verbes du mot qui n'est point verbe, pour faire comprendre aux enfants que les trois lettres *ent*, se prononcent comme un *e* muet, à la fin d'un verbe; et que ces trois lettres se prononcent toutes à la fin de tous les autres mots.

Mots de deux syllabes.	Mots de trois syllabes.	Mots de quatre syllabes.
ai mer	ab bat tre	ac cou tu mer
ai mant	ab bat tant	ac cou tu mant
ai ment	ab bat tent	ac cou tu ment
ai moit	ab bat toit	ac cou tu moit
ai moient	ab bat toient	ac cou tu moient
boi re	ba lan cer	bal bu ti er
bu vant	ba lan çant	bal bu ti ant
boi vent	ba lan cent	bal bu tient
bu voit	ba lan çoit	bal bu ti oit
bu voient	ba lan çoient	bal bu ti oient
chan ter	châ ti er	ca ra co ler
chan tant	châ ti ant	ca ra co lant
chan tent	châ ti ent	ca ra co lent
chan toit	châ ti oit	ca ra co loit
chan toient	châ ti oient	ca ra co loient
don ner	dé li vrer	dé mé na ger
don nant	dé li vrant	dé mé na geant
don nent	dé li vrent	dé mé na gent
don noit	dé li vroit	dé mé na geoit
don noient	dé li vroient	dé mé na geoient
en fler	ef fa cer	é cha fau der
en flant	ef fa çant	é cha fau dant
en flent	ef fa cent	é cha fau dent
en floit	ef fa çoit	é cha fau doit
en floient	ef fa çoient	é cha fau doient

Mots de deux syllabes.	Mots de trois syllabes.	Mots de quatre syllabes.
for cer	fri cas ser	fan fa ron ner
for çant	fri cas sant	fan fa ron nant
for cent	fri cas sent	fan fa ron nent
for çoit	fri cas soit	fan fa ron noit
for çoient	fri cas soient	fan fa ron noient
ga gner	gour man der	ges ti cu ler
ga gnant	gour man dant	ges ti cu lant
ga gnent	gour man dent	ges ti cu lent
ga gnoit	gour man doit	ges ti cu loit
ga gnoient	gour man doient	ges ti cu loient
ha cher	ha bi ter	her bo ri ser
ha chant	ha bi tant	her bo ri sant
ha chent	ha bi tent	her bo ri sent
ha choit	ha bi toit	her bo ri soit
ha choient	ha bi toient	her bo ri soient
jou er	jar di ner	jus ti fi er
jou ant	jar di nant	jus ti fi ant
jou ent	jar di nent	jus ti fi ent
jou oit	jar di noit	jus ti fi oit
jou oient	jar di noient	jus ti fi oient
lui re	la bou rer	lé gi ti mer
lui sant	la bou rant	lé gi ti mant
lui sent	la bou rent	lé gi ti ment
lui soit	la bou roit	lé gi ti moit
lui soient	la bou roient	lé gi ti moient

Mots de deux syllabes.	Mots de trois syllabes.	Mots de quatre syllabes.
man quer	mas sa crer	mor ti fi er
man quant	mas sa crant	mor ti fi ant
man quent	mas sa crent	mor ti fi ent
man quoit	mas sa croit	mor ti fi oit
man quoient	mas sa croient	mor ti fi oient
na ger	né to yer	né go ci er
na geant	né to yant	né go ci ant
na gent	né to yent	né go ci ent
na geoit	né to yoit	né go ci oit
na geoient	né to yoient	né go ci oient
ou vrir	or don ner	or ga ni ser
ou vrant	or don nant	or ga ni sant
ou vrent	or don nent	or ga ni sent
ou vroit	or don noit	or ga ni soit
ou vroient	or don noient	or ga ni soient
pein dre	par cou rir	phi lo so pher
pei guant	par cou rant	phi lo so phant
pei gnent	par cou rent	phi lo so phent
pei gnoit	par cou roit	phi lo so phoit
pei gnoient	par cou roient	philosophoient
quit ter	que rel ler	ques ti on ner
quit tant	que rel lant	ques ti on nant
quit tent	que rel lant	ques ti on nent
quit toit	que rel loit	ques ti on noit
quit toient	que rel loient	questionnoient

Mots de deux syllabes.	Mots de trois syllabes.	Mots de quatre syllabes.
ren dre	ré pon dre	re com men cer
ren dant	ré pon dant	re com men çant
ren dent	ré pon dent	re com men cent
ren doit	ré pon doit	re com men çoit
ren doient	ré pon doient	recommençoient
souf frir	sou met tre	sa cri fi er
souf frant	sou met tant	sa cri fi ant
souf frent	sou met tent	sa cri fi ent
souf froit	sou met toit	sa cri fi oit
souf froient	sou met toient	sa cri fi oient
tor dre	té moi gner	tran quil li ser
tor dant	té moi gnant	tran quil li sant
tor dent	té moi gnent	tran quil li sent
tor doit	té moi gnoit	tran quil li soit
tor doient	té moi gnoient	tran quil li soient
vou loir	ven dan ger	ver ba li ser
vou lant	ven dan geant	ver ba li sant
veu lent	ven dan gent	ver ba li sent
vou loit	ven dan geoit	ver ba li soit
vou loient	ven dan geoint	ver li soient

EXEMPLES.

Qui font voir que les lettres ent *ont le même son que l'*e *muet, à la fin des mots auxquels on peut joindre* ils *ou* elles ; *mais qu'elles se prononcent à la fin de tous les autres mots.*

Les hom mes s'ai ment
ra re ment.

Les oi seaux cou vent
sou vent.

Les en fans ai ment
le mou ve ment.

Les pa res seux s'a ni ment
dif fi ci le ment.

Les hon nê tes gens s'es ti ment
mu tu el le ment.

Les da mes s'ex pri ment
dé li ca te ment.

Les chi mè res se for ment
ai sé ment.

Les sen su els dor ment
mol le ment.

Les bons li vres s'im pri ment
soi gneu se ment.

Les pe tits en fants s'ac cou tu ment
fa ci le ment.

Les pol trons s'al lar ment
ai se ment.

Les ours se ren fer ment
é troi te ment.

Les grands dé fauts se ré for ment
ra re ment.

Les a va res s'en dor ment
dif fi ci le ment.

Les mau vais li vres se sup pri ment
promp te ment.

Les vieil lard s'en rhu ment
fa ci le ment.

INSTRUCTION

Pour les personnes qui enseignent à lire.

ICI commencent les premières lectures suivies, imprimées en caractères romain et italique. On a crû devoir présenter d'abord aux enfans les prières qu'ils doivent réciter tous les jours, et qu'on ne sauroit trop tôt leur apprendre. L'unique moyen d'y réussir, c'est de les leur faire lire et relire, jusqu'à ce qu'ils les sachent passablement par cœur: on les a mises d'un côté à sons séparés, de l'autre, à sons liés. La première opération prépare à la seconde. Il faut toujours suivre ce procédé, jusqu'à ce que les enfants soient fermes dans la lecture.

Il faut leur faire lire et apprendre également par cœur les pièces de lecture qui se trouvent aux pages 60 et suivantes.

L'O rai son Do mi ni ca le.

NOTRE pè re qui ê tes aux Ci eux : que vo tre nom soit sanc ti fi é : que vo tre rè gne ar ri ve : que vo tre vo lon té soit fai te en la ter re com me au ci el : don nez-nous au jour d'hui no tre pain quo ti di en , et nous par don nez nos of fen ses , com me nous par don nons à ceux qui nous ont of fen sés ; et ne nous in dui sez point en ten ta tion ; mais dé li vrez-nous du mal. Ain si soit-il.

La Sa lu ta ti on An gé li que.

JE vous sa lu e Ma ri e , plei ne de gra ces , le Sei gneur est a vec vous : vous ê tes bé ni e en tre tou tes les fem mes ; et Je sus , le fruit de vo tre ven tre , est bé ni.

Sain te Ma ri e , mè re de Di eu , pri ez pour nous pau vres pé cheurs , main te nant et à l'heu re de no tre mort.

Ain si soit-il.

L'Oraison Dominicale.

NOTRE Père qui êtes aux Cieux : que votre nom soit sanctifié : que votre règne arrive : que votre volonté soit faite sur la terre comme au ciel : donnez-nous aujourd'hui notre pain quotidien, et nous pardonnez nos offenses, comme nous pardonnons à ceux qui nous ont offensés et ne nous induisez point en tentation ; mais délivrez-nous du mal. Ainsi soit-il.

La Salutation Angélique.

Je vous salue, Marie, pleine de graces, le Seigneur est avec vous : vous êtes bénie entre toutes les femmes ; et Jesus, le fruit de votre ventre, est béni.

Sainte Marie, mère de Dieu, priez pour nous pauvres pécheurs, maintenant et à l'heure de notre mort.

Ainsi soit-il.

La Con fes si on des pé chés.

JE con fes se à Di eu Tout-puis sant, à la bi en heu reu se Ma ri e tou jours Vi er ge, à saint Mi chel Ar change, à saint Jean-Bap tis te, aux A pô tres saint Pi er re et saint Paul, à tous les Saints, que j'ai beau coup pé ché par pen sé es, par pa ro les et par ac ti ons : c'est ma fau te, c'est ma fau te, c'est ma très-gran de fau te. C'est pour quoi je sup-pli e la bi en heu reu se Ma ri e tou jours Vier ge, saint Mi chel Ar change, saint Jean-Bap tis te, les A pô tres saint Pi er re et saint Paul, tous les Saints, de prier pour moi le Sei gneur no tre Di eu.

La Confession des Péchés.

Je confesse à Dieu tout-puissant, à la bienheureuse Marie toujours Vierge, à saint Michel archange, à saint Jean-Baptiste, aux Apôtres saint Pierre et saint Paul, et à tous les saints, que j'ai beaucoup péché par pensées, par paroles et par actions; c'est ma faute, c'est ma faute, c'est ma très-grande faute. Cest pourquoi je supplie la bienheureuse Marie toujours Vierge, saint Michel archange, saint Jean-Baptiste, les apôtres saint Pierre et saint Paul, tous les Saints, de prier pour moi le Seigneur notre Dieu.

Les Com man de mens de Di eu.

UN seul Di eu tu a do re ras ,
Et ai me ras par fai te ment.
Di eu en vain tu ne ju re ras ,
Ni au tre cho se pa reil le ment.
Les Di man ches tu gar de ras ,
En ser vant Dieu dé vo te ment.
Tes Pè re et mè re ho no re ras ,
A fin que tu vi ves lon gue ment.
Ho mi ci de point ne se ras ,
De fait ni vo lon tai re ment.
Lu xu ri eux point ne se ras ,
De corps ni de con sen te ment.
Le bi en d'au trui tu ne pren dras ,
Ni re tien dras à ton es ci ent.
Faux té moi gna ge ne di ras ,
Ni men ti ras au cu ne ment.
L'œuvre de la chair ne dé si re ras ,
Qu'en ma ri a ge seu le ment.
Bi ens d'au trui ne con voi te ras ,
Pour les avoir in jus te ment.

Les Commandemens de Dieu.

Un seul Dieu tu adoreras,
Et aimeras parfaitement.
Dieu en vain tu ne jureras,
Ni autre chose pareillement.
Les Dimanches tu garderas,
En servant Dieu dévotement.
Tes père et mère honoreras,
Afin que tu vives longuement.
Homicide point ne seras,
De fait ni volontairement.
Luxurieux point ne seras,
De corps ni de consentement.
Le bien d'autrui tu ne prendras,
Ni retiendras à ton escient.
Faux témoignage ne diras,
Ni mentiras aucunement.
L'œuvre de chair ne désireras,
Qu'en mariage seulement.
Biens d'autrui ne convoiteras,
Pour les avoir injustement.

Les Com man de mens de l'É gli se.

Les Fê tes tu sanc ti fi e ras,
Qui te sont de com man de ment.
Les Di man ches la Mes se ou ï ras,
Et les Fê tes pa reil le ment.
Tous tes pé chés con fes se ras,
A tout le moins u ne fois l'an.
Ton Cré a teur tu re ce vras,
Au moins à Pâ ques humble ment.
Qua tre-temps, vi gi les, jeû ne ras,
Et le Ca rê me en ti è re ment,
Vendre di chair ne man ge ras,
Ni le sa me di mê me ment.

La bé né dic ti on de la Ta ble.

Au nom du Pè re, et du Fils, et du Saint-Es prit. Ain si soit-il.

Que la main de Jé sus-Christ nous bé nis se, et la nour ri tu re que nous al lons pren dre.

Gra ces.

Au nom du Pè re, et du Fils, etc.

Nous vous ren dons gra ces de tous vos bi en faits, ô Dieu tout-puis sant, qui vi vez et ré gnez dans tous les siè cles des si è cles. Ain si soit-il.

Les Commandemens de l'Église.

LES Fêtes tu sanctifieras,
Qui te sont de commandement.
Les Dimanches la Messe ouïras,
Et les Fêtes pareillement.
Tous tes péchés confesseras,
A tout le moins une fois l'an.
Ton Créateur tu recevras,
Au moins à Pâques humblement.
Quatre-temps, vigiles, jeûneras,
Et le Carême entièrement.
Vendredi chair ne mangeras,
Ni le samedi mêmement.

La Bénédiction de la Table.

Au nom du Père, et du Fils et du Saint-Esprit. Ainsi soit-il.

QUE la main de Jésus-Christ nous bénisse, et la nourriture que nous allons prendre.

Graces.

Au nom du Père, et du Fils, etc.

NOUS vous rendons graces de tous vos bienfaits, ô Dieu tout-puissant, qui vivez et régnez dans tous les siècles des siècles. Ainsi soit-il.

Idée de Di eu et de son pou voir sur toutes les créa tu res.

Ce Di eu, Maî tre ab so lu de la Ter re et des Ci eux,
N'est point tel que l'er reur le fi gure à vos yeux.
L'É ter nel est son nom ; le Monde est son ou vra ge.
Il en tend les sou pirs de l'hum ble qu'on ou tra ge ;
Ju ge tous les mor tels a vec d'é ga les lois,
Et, du haut de son Trô ne, in ter ro ge les Rois.
Des plus fer mes É tats la chû te é pou van ta ble,
Quand il veut, n'est qu'un jeu de sa main re dou ta ble.

Esther, Tragédie de M. Racine.

Idée de Dieu et de son pouvoir sur toutes les créatures.

Ce Dieu Maître absolu de la Terre et des Cieux,
N'est point tel que l'erreur le figure à vos yeux.
L'Éternel est son nom ; le Monde est son ouvrage.
Il entend les soupirs de l'humble qu'on outrage ;
Juge tous les mortels avec d'égales lois ;
Et du haut de son Trône, interroge les Rois.
Des plus fermes États la chûte épouvantable,
Quand il veut, n'est qu'un jeu de sa main redoutable.

Esther, Tragédie de M. Racine.

Idée de Dieu et de son pouvoir sur toutes les créatures.

Ce Dieu Maître absolu de la Terre et des Cieux,
N'est point tel que l'erreur le figure à vos yeux.
L'Eternel est son nom ; le monde est son ouvrage.
Il entend les soupirs de l'humble qu'on outrage :
Juge tous les mortels avec d'égales lois ;
Et du haut de son Trône, interroge les Rois.
Des plus fermes États la chûte épouvantable,
Quand il veut n'est qu'un jeu de sa main redoutable.

Esther, Tragédie de M. Racine.

Au tre i dé e de la tou te-puis sance de Di eu.

Même Tra gé die.

Que peu vent con tre lui tous
les Rois de la ter re ?
En vain ils s'u ni roient pour lui
fai re la guer re.
Pour dis si per leur li gue, il n'a
qu'à se mon trer ;
Il par le, et dans la pou dre il les
fait tous ren trer.
Au seul nom de sa voix, la mer
fuit, le ciel tremble ;
Il voit com me un né ant tout
l'u ni vers en sem ble ;
Et les foi bles hu mains, vains
jou ets du tré pas,
Sont tous de vant ses yeux comme s'ils n'étoient pas.

Autre idée de la toute-puissance de Dieu.

Même Tragédie.

Que peuvent contre lui tous les rois de la terre ?
En vain ils s'uniroient pour lui faire la guerre.
Pour dissiper leur ligue, il n'a qu'à se montrer ;
Il parle, et dans la poudre il les fait tous rentrer.
Au seul son de sa voix, la mer fuit, le ciel tremble ;
Il voit comme un néant tout l'univers ensemble ;
Et les foibles humains, vains jouets du trépas,
Sont tous devant ses yeux comme s'ils n'étoient pas.

Autre idée de la toute-puissance de Dieu.

Même Tragédie.

Que peuvent contre lui tous les rois de la terre ?
En vain ils s'uniroient pour lui faire la guerre.
Pour dissiper leur ligue, il n'a qu'à se montrer ;
Il parle, et dans la poudre il les fait tous rentrer.
Au seul son de sa voix, la mer fuit, le ciel tremble ;
Il voit comme un néant tout l'univers ensemble ;
Et les foibles humains, vains jouets du trépas,
Sont tous devant ses yeux comme s'ils n'étoient pas.

Au tre mor ce au de M. Ra ci ne.

Jai vu l'im pie a do ré sur la ter re:
Pa reil au cè dre, il por toit dans
les ci eux,
Son front au da ci eux:
Il sem bloit, à son gré, gou ver-
ner le ton ner re;
Fou loit aux pi eds ses en ne n is
vain cus.
Je n'ai fait que pas ser; il n'é toit
dé jà plus.

Por trait de l'hy po cri te,

Par M. Rous seau.

L'Hy po cri te, en frau des fer ti le,
Dès l'en fan ce est pé tri de fard;
Il sait co lo rer a vec art
Le fi el que sa bou che dis ti le;
Et la mor su re du ser pent
Est moins ai guë et moins sub ti le,
Que le ve nin ca ché que sa lan gue ré pand.

Autre morceau de M. Racine.

J'ai vu l'impie adoré sur la terre :
Pareil au cèdre, il portoit dans les cieux,
Son front audacieux :
Il sembloit, à son gré, gouverner le tonnerre ;
Fouloit aux pieds ses ennemis vaincus.
Je n'ai fait que passer ; il n'étoit déjà plus.

Portrait de l'Hypocrite,

Par M. Rousseau.

L'hypocrite, en fraudes fertile,
Dès l'enfance est pétri de fard ;
Il sait colorer avec art
Le fiel que sa bouche distile ;
Et la morsure du serpent
Est moins aiguë et moins subtile,
Que le venin caché que sa langue répand.

Stances sur la Mort.

LA Mort a des ri gueurs à nulle
au tre pa reil les :
On a beau la pri er ;
La cru el le qu'el le est , se bou-
che les o reil les ,
Et nous lais se cri er.
Le pau vre en sa ca ba ne , où le
chau me le cou vre ,
Est su jet à ses lois ;
Et la gar de qui veil le aux bar-
ri è res du Lou vre ,
N'en dé fend pas les Rois.

Stan ces sur la Mort.

La Mort a des ri gueurs à nul le au tre pa reil les :
On a beau la prier ;
La cru el le qu'el le est , se bou che les o reil les ,
Et nous lais se cri er.
Le pau vre en sa ca ba ne , où le chau me le cou vre ,
Est su jet à ses lois ;
Et la gar de qui veil le aux bar ri è res du Lou vre ,
N'en dé fend pas les Rois.

Stances sur la Mort.

La Mort a des rigueurs à nulle autre pareilles :
On a beau la prier ;
La cruelle qu'elle est, se bouche les oreilles,
Et nous laisse crier.
Le pauvre en sa cabane, où le chaume le couvre,
Est sujet à ses lois ;
Et la garde qui veille aux barrières du Louvre,
N'en défend pas les Rois.

Stances sur la Mort.

La Mort a des rigueurs à nulle autre pareilles :
On a beau la prier ;
La cruelle qu'elle est, se bouche les oreilles,
Et nous laisse crier.
Le pauvre en sa cabane où le chaume le couvre,
Est sujet à ses lois ;
Et la garde qui veille aux barrières du Louvre,
N'en défend pas les Rois.

INTRUCTION

Pour les personnes qui enseignent à lire.

S'IL se trouve quelque enfant qui ne sache point lire après ces différentes leçons, il ne faut pas aller plus loin, parce que les règles et les opérations suivantes ne sont destinées qu'à perfectionner la lecture, et à donner aux enfants les premières idées de l'orthographe et de la prononciation. Il n'y a alors d'autre parti à prendre, que de faire recommencer à l'élève tardif, les élémens de lecture qu'il a déjà vus, simples ou composés, suivant que les premiers essais auront plus ou moins réussi.

On trouve ici, depuis la page 69 jusqu'à la page 84, une suite de voyelles et consonnes simples et composées, placées suivant l'ordre alphabétique, avec des exemples qui rendent familière la différente prononciation de ces voyelles ou consonnes. Il faut faire lire cette partie avec le plus grand soin, et y revenir plus d'une fois : le plus sûr moyen seroit de la faire écrire, dès que les enfants sont en état de modéler leurs lettres.

On a suivi l'ordre alphabétique, pour mettre les élèves en état de trouver aisément chaque lettre ou son, lorsqu'ils se trouveront arrêtés sur quelque prononciation.

Des voyelles longues, et des voyelles brèves.

Les voyelles longues sont celles qui se prononcent lentement.	Les voyelles brèves sont celles qui se prononcent promptement.
EXEMPLES :	EXEMPLES :
le hâle	une halle
un mâtin	le matin
un mâle	une malle
une châsse	la chasse
de la pâte	une patte
une tâche	une tache
un hêtre	une herse
un prêtre	une prêtresse
un gîte	le giron
un goître	un goinfre
un cloître	une cloison
une bûse	un buste
une mûse	une mule

---

ai se prononce *é*

on écrit	*on prononce*
j'aimai	j'émé
je donnai	je donné
je lirai	je liré
je ferai	je féré

ay se prononce *ey.*

on écrit	*on prononce*
crayon	créyon
rayon	réyon
payer	péyer
pays	péïs
paysan	péïsan

ai se prononce *è*

on écrit	*on prononce*
abaissement	abèssement
baisser	bèsser
biaiser	bièser
caissier	kèssier
niaiser	nièser
mauvais	mauvès
naître	nètre
maître	mètre
notaire	notère
plaire	plère

em a quelquefois le même son que *am*.		*en* a quelquefois le même son que *an*.	
ambition	empire	avant	Avent
ample	emploi	bannir	mentir
flamme	femme	demande	amende
lampe	remplir	fange	fente
tambour	temple	landes	lente

ain, *ein*, *in*, ont le même son.			*eau* a le même son que *au*.	
dédain,	dessein,	destin	anneau	naufrage
essaim,	refrein,	mutin	bateau	taupe
grain,	feint,	fin	bedeau	daube
faim,	plein,	vin	caveau	vautour
humain,	serein,	serin	flambeau	baume
pain,	peint,	pin	gâteau	autel
plainte,	teinte,	singe	hameau	mauve
sainte,	feinte,	quinte	morceau	sauce
			pinceau	fauteur
			rouleau	Laudes

aen, *ean*, *ent*, *aon*, se prononcent *an*; ils ont le même son dans

Caen, Jean, dent, paon, faon, Laon.

excepté :

taon et taonner.

---

c se prononce *s* et *k*.

EXEMPLES :

façade	arcarde	maçon	Mâcon
glaçon	balcon	forçat	placard
Provençale	cascade	conçu	vaincu
rançon	flacon	rinçures	rancune
garçon	gascon		

c final ne se prononce point devant une consonne.

EXEMPLES :

blanc raisin
clerc novice
franc fripon
porc frais
marc d'or

c final se prononce devant une voyelle.

EXEMPLES :

du blanc au noir
de clerc à maître
franc étourdi
porc épic
Marc Antoine

c se prononce à la fin de plusieurs mots.

EXEMPLES :

almanac	ammoniac
estomac	tabac
aspect	avec
aspic	sindic
baroc	estoc
musc	Turc

c ne se prononce point lorsqu'il est suivi d'une consonne. Il faut écrire,

un estomac plein
du tabac d'Espagne

mais il faut prononcer

estoma plein
taba d'Espagne

ch se prononce *che* et *ke*.

EXEMPLES :

change	archange
charité	eucharistie
afficheur	chœur
échope	chorographie
chocolat	chorus
choc	écho
chute	catéchumène
chymie	
chuchotter	
Chinois	
écharpe	

chr se prononce *kre*

EXEMPLES :

chrétien
saint-chrême
chrétiennement
Christophe
christianisme
chronique
chronographe
chronologie
chrysalide

c se prononce quelquefois *g*.

EXEMPLE :

On écrit	*On prononce*
Claude	Glaude
cicogne	cigogne
second	second
secondement	segondement
seconder	segonder

---

d se prononce *t* à la fin des mots, lorsqu'il est suivi d'une voyelle ou d'une *h* non aspirée.

EXEMPLES :

On écrit	*On prononce*
grand apôtre	grant apôtre
grand écrivain	grant écrivain
grand homme	grant homme
second hyménée	secont hyménée
second article	secont article
quand il boit	quant il boit
quand on veut	quant on veut
vend-il ?	vent-il ?
vend-elle ?	vent-elle ?
vend-on ?	vent-on ?
se défend-il ?	se défent-il ?
perd-elle ?	pert-elle ?

On supprime le *d* dans le mot *pied*. On dit, *mettre pié à terre*, et non pas *piét à terre*.

e est ouvert dans tous les monosyllabes terminés par un *s.*

Il faut prononcer

ces, des, les, mes, ses, tes,

comme s'il y avoit l'accent grave.

cès, dès, lès, mès, sès, tès,

Il y a une exception pour le discours familier, on le prononce fermé, comme s'il y avoit l'accent aigu.

on écrit	*on prononce*
ces livres	cés livres
des hommes	dés hommes
les femmes	lés femmes
mes gens	més gens
ses habits	sés habits
tes meubles	tés meubles

eu se prononce comme *u.*

on écrit	*on prononce*
Eustache	Ustache
à jeun	à jun

e est encore ouvert devant quelques consonnes.

appel	j'appelle
bel	belle
cartel	il écartelle
chancel	il chancelle
hydromel	hirondelle
nouvel	nouvelle
amer	cancer
enfer	Jupiter
hier, fier, mer, etc.	

e est fermé devant une consonne dans les mots suivants.

on écrit	*on prononce*
amandier	amandié
barbier	barbié
cordelier	cordelié
damier	damié
jardinier	jardinié
ouvrier	ouvrié
pâtissier	patissié
savetier	savetié

Dans plusieurs mots le *g* se prononce avec le son rude radouci.

on écrit	*on prononce*
stigmates	stig ma tes
augmenter	aug men ter
diaphragme	di a phrag me
énigmatique	é nig ma ti que

on écrit	*on prononce*
inexpugnable	in ex pug na ble
magnétique	mag né ti que
gnôme	gnô me

gn a un son mouillé dans les mots suivants :

assignation	signer
assigner	incognito
magnifique	

que l'on prononce comme

épargne, épagneul

---

h aspirée	*h* non aspirée.
*On prononce l'*h *dans les mots suivants.*	*On ne prononce point l'*h *dans les mots suivants.*
hache	habit
haro	habile
héros	héroïne
hibou	histoire
hotte	hôte
hûre	heure
housse	horloge
hautbois	hôpital
houlette	hôtel
Hollande	hostilité
huguenot	humanité

h ne se prononce point quand elle est après une consonne.

on écrit	*on prononce*
l'heure	leure
l'histoire	listoire
l'honneur	l'onneur
l'humeur	lumeur
théologie	téologie
adhérer	adérer
rhéteur	réteur
Rhin	Rin
Rhône	Rône
rhubarbe	rubarbe
rhume	rume

Une *l* simple ou deux *ll* précédées de la voyelle *i*, ont un son liquide ou mouillé.

ail	*aille*	*eil*	*eille*
bail	bataille	appareil	abeille
cail	canaille	conseil	corbeille
corail	écaille	orgueil	groseille
détail	futaille	orteil	treille
émail	grisaille	pareil	pareille
gaillard	limaille	réveil	merveille
mail	muraille	sommeil	sommeille
portail	paille	oseille	oseille
sérail	tenaille	vermeil	vermeille
vieillard	Versailles	vieil	vieille

il	*ille*	*ouil ouille*	*euil euille*
Avril	aiguille	fenouil	Auteuil
chenil	cheville	andouille	Argenteuil
gril	étrille	verouil	Arcueil
fournil	famille	bredouille	cerfeuil
mil *graine*	mandille	citrouille	Choiseuil
nombril	quille	dépouille	écureuil
péril	pointille	gazouille	fauteuil
persil	quadrille	grenouille	feuille
sillon		farfouille	seuil
		gargouille	veuille
		patrouille	
		rouille	
		souillure	

exception.

Gille	ville
mil *nombre*	mille
subtil	subtile

m se prononce quelquefois *n*.

EXEMPLES.

on écrit	*on prononce*
Ambassade	Anbassade
bombarder	bonbarder
compter	conpter
combien	conbien
damnation	dannation
emmener	enmener
exempter	exenpter
importun	inportun
nombre	nonbre
ombrage	onbrage
pompeux	ponpeux
prompt	pronpt
Samson	Sanson

m se prononce dans les mots suivants.

Amsterdam	immobile
amnistie	simpatie
calomnie	présomptif
exemption	somptueux
hymne	somnambule
indemnité	symptôme
immédiat	immense

n à la fin des monosyllabes se joint toujours à la voyelle suivante, et à l'*h* non aspirée.

EXEMPLES.

on écrit	*on prononce*
bien adroit	bié n'adroit
bien instruit	bié n'instruit
bien ombragé	bié n'ombragé
bien utile	bié n'utile
bien habile	bié n'habile
bien heureux	bié n'heureux
bien historié	bié n'historié
bien honnête	bié n'honnête
bien humide	bié n'humide
on avance	o n'avance
l'on instruit	l'o n'instruit
bon enfant	bo n'enfant
mon ouvrage	mo n'ouvrage
rien en tout	rié n'en tout
son ami	so n'ami
ton habit	to n'habit
mon honneur	mo n'honneur

oi se prononce *oi* et *è*.		*ph* se prononce *f*.
EXEMPLES.		EXEMPLES.
avoir	avoit	Phaëton
boire	buvoit	alpha
croisée	chantoit	Pharaon
devoir	devoit	asphalte
exploit	contemploit	pharmacie
foire	foible.	emphâse
gloire	Anglois	phrase
histoire	j'étois	emphatique
mâchoire	mâchoit	Phébus
noire	connoît	prophête
poire	coupoit	phénomène
roitelet	roide	prophétique
soirée	pensoit	Amphion
toison	comptoit	philtre
voirie	liroit.	amphibie
Chinois	connois	géographie
Danois	Charolois	philosophie
S. François	François	physique
Gaulois	Bordelois	métaphysique
l'Artois	Ecossois	phosphore
Génois	Hollandois	
Siamois	Bourbonnois	

Il n'y a que l'usage qui apprenne cette différence.

pt se prononce aussi *ps*.

EXEMPLES.

aptitude	nuptial
adoptif	adoption
corruptible	corruption
Egypte	Egyptien
inepte	ineptie
présomptif	présomption
optique	option
obreptice	obreption
souscripteur	souscription
subreptice	subreption

pt se prononce quelquefois simplement *t*.

EXEMPLES.

on écrit	*on prononce*
Apt *ville*	At
baptême	batême
compte	conte
ptisane	tisane
présomptif	présomtif
somptueux	somtueux
sept	set
septième	setième
symptôme	symtôme
sculpteur	sculteur
sculpture	sculture

p se prononce à la fin des monosyllabes avant une voyelle une *h* non aspirée.

EXEMPLES.

trop aimable	trop habile
trop étourdi	trop heureux
trop insolent	trop historié
trop opulent	trop honorable
trop utile	trop humain

p ne se prononce pas avant une consonne ou une *h* aspirée.

trop badin	trop hardi
trop délicat	trop hérissé
trop difficile	trop hideux
trop colère	trop honteux
trop durement	trop hupé

On ne prononce point le *p* dans le mot *loup*.

---

q se prononce à la fin des mots *cinq* et *coq*, lorsqu'ils sont avant une voyelle ou une *h* non aspirée

cinq amandes	un coq étranger
cinq hommes	un coq irrité

q ne se prononce point devant une consonne.

on écrit	*on prononce*
cinq figues	cin figues
cinq pommes	cin pommes
un coq d'inde	un co d'inde

qua se prononce *coua* dans les mots suivants.

on écrit	*on prononce*
aquatique	accouatique
équateur	écouateur
équation	écouation
quadragénaire	couadragénaire
quadrangulaire	couadrangulaire
quadragésime	couadragésime
quadrature	couadrature
quadrupède	couadrupède
des in-quarto	des in-couarto

quinqua se prononce *cuincoua* dans les mots suivants.

on écrit	*on prononce*
quinquagénaire	cuincouagénaire
quinquagésime	cuincouagésime
quinconce	cuinconce
Quintilien	Cuintilien
Quinte-curce	Cuinte-curce
équestre	écuestre
questeur	questeur

---

r se prononce doucement à la fin des mots, lorsqu'il suit une voyelle ou une *h* non aspirée.

aimer ardemment
servir efficacement
partir incognitò
parler obligeamment
se présenter humblement
arriver heureusement
se retirer honnêtement

r ne se prononce point lorsqu'il est suivi d'une consonne ou d'une *h* aspirée.

On prononce sans *r*

aimer tendrement
servir proprement
partir secrètement
parler facilement
se présenter hardiment
publier hautement
se retirer honteusement

deux *ss* entre deux voyelles se prononcent toutes deux.	*s* entre deux voyelles a le son d'un *z*.
basse	bâse
bassin	bâsin
boisseau	oiseau
buisson	oison
casser	causer
chausse	chose
coussin	cousin
écrevisse	église
massue	masure
moisson	maison
poisson	poison
rosse	rose
ruisseau	roseau
tasse	extâse
vassal	vâse
châsse	
ressusciter	*on excepte*
pressentir	préséance
pressentiment	

s précédée d'une consonne se prononce *se*.

danse	persécuté
défense	sensé, etc.

excepté dans les mots

transiger
transaction
transition

s se prononce *z* à la fin des mots lorsqu'il suit une voyelle ou une *h* non aspirée.

bons amis
grands ennemis
gros intérêts
petits obstacles
anciens usages
longues habitudes
premiers honneurs
après eux
mes ouvrages
tes officiers
les affronts
leurs amis
les ennemis
nos enfants
bonnes affaires
tes offres
ses appas
tous ensemble
très-éloquent
très-honnête
vous et moi
ils iront
elles en sont

exception pour le discours familier où l'on dit sans s.

sages et vertueux
belles et bonnes
bonnes à manger
douces au goût

comme s avoit

sage et vertueux
belle et bonne
bonne à manger
douce au goût

s se prononce toujours à la fin des mots

Agnus
Bacchus
Bolus
Cadmus
Crésus
Darius
Danaüs
Iris, Mars
Momus
Phalaris
Pirithoüs
Romulus
Sémiramis

sc se prononce *sq* dans les mots suivants.

scaramouche
scapulaire
Scamandre
scandale
scarification
Scaron
scribe
Scot
scorbut
scorpion
sculpteur
scrupule
scrutin

sc se prononce *se* dans les mots suivants.

sçavant
sçavoir
scélérat
scène
sceptre
sceaux
scier
science
sciure
scion
faisceaux

on écrit

schisme

on prononce

chisme

Quelquefois *t* ne se prononce point à la fin des mots.

EXEMPLES.

avant	
aspect	aspect agréable
district	district étendu
instinct	instinct admirable
respect	respect infini
suspect	suspect en tout

t se prononce à la fin des mots, lorsqu'il suit une voyelle ou une *h* non aspirée.

EXEMPLES.

fort aimable
fort entier
tout entier
cent hommes
petit ignorant
savant écrivain
savant homme

t ne se prononce point, lorsqu'il suit une consonne ou une *h* aspirée.

EXEMPLES.

fort content
fort honteux
tout nouveau
tout hors d'haleine
petit faquin

il faut aussi dire sans *t*.

un fort imprenable
un enfant instruit
un port à couvert
savant et poli, etc.

tia se prononce aussi *cia*.

EXEMPLES.

Astianax	Abbatial
bestial	initial.
bestialité	Martial
tiâre	nuptial

tie se prononce aussi *cie*.

EXEMPLES.

amnistie aristocratie
amitié balbutier
amortie démocratie
hostie essentiel
moitié ineptie
ortie initier
partie minutie
rôtie prophétie

tio se prononce aussi *cio*.

EXEMPLES.

bastion action
combustion collation
gestion faction
question nation

tieux se prononce toujours *cieux*.

EXEMPLES.

ambitieux
captieux
facétieux
factieux
séditieux

tien se prononce toujours *tien*.

EXEMPLES.

chrétien
entretien
maintien
soutien

à l'exception des mots

Capétien
Egyptien
Vénitien
Dioclétien

---

u forme un son séparé de l'*i*, dans les mots suivants :

Ambiguité, aiguille, aiguiser, appui, autrui, aujourd'hui, buisson, conduire, cuivre, fluide, instruire, luire, muids, nuire, puise, ruine, suivre, suicide, traduire, etc.

l'*u* se confond avec l'*i* dans les mots suivants :

anguille, béguine, béquille, bourguignon, déguiser, figuier, guide, guider, Guillaume, guillemet, guise, sanguinaire, vuide, vuider, etc.

x se prononce *qs* dans les mots suivants :	*x* a le son de deux *ss* dans les mots suivants :	*x* a le son du *z* dans les mots suivants :	*z* rend fermé l'*e* qui le précède dans les mots suivants :
		on écrit *on pron.*	
Alexandre	Auxerre	sixain sizain	
Alexis	Bruxelles	sixième sizième	allez-y
axiome	soixante	dixain dizième	venez-y
auxiliaire			
fixer	et le son d'une *s* dans le mot suiv.	beaux yeux	*z* rend ouvert l'*e* qui le précède dans les mots suivants :
taxer		officieux ami	
x se prononce *gz* dans les mots suiv.	Xaintonge	généreux ennemis	
examen		précieux office	Sanchez
exemple			Rodriguez
exiler			
exhorde			
exhumer			

---

y a le son de deux *ii* entre deux voyelles.	*y* n'a que le son d'un *i* entre deux voyelles.	lorsqu'une voyelle a deux points, elle doit être prononcée séparément de celle qui la précède.
		EXEMPLES.
aboyer	amygdales	athéïsme poëte
bégayer	collyre	Caïn Pirithoüs
crayonner	diachylon	déïste Raphaël
employer	hydropisie	haïr Saül
larmoyer	lymphe	Judaïque stoïcien
moyen	olympe	laïque
noyer	physique	Moïse
payer	sympathie	naïf
rayonner	symptômes	païs

y se prononce *ye* dans les mots Cayenne, Mayence.

INSTRUCTION

Pour les personnes qui enseignent à lire.

POUR mieux faire connoître aux enfants les voyelles longues et celles qui sont brèves, il faut enfin leur mettre sous les yeux un petit extrait du traité qu'en a fait M. l'abbé d'Olivet. C'est un ouvrage neuf et précieux, qui devroit être entre les mains de tous ceux qui ont le goût de notre langue.

M. l'abbé d'Olivet divise les voyelles en longues, brèves et douteuse; mais pour ne point embarrasser les enfants, on ne les divise ici qu'en longues et brèves.

PROSODIE FRANÇOISE.

A, *première lettre de notre alphabet*, long.
Un petit a,
un grand a,
une panse d'a (*),
il ne sçait ni a ni b.

A *préposition et verbe*, est bref.
Je suis à Paris,
j'écris à Rome,
il a été,
il a parlé.

A, long *dans* âcre, âge, agnus, ame, âne, anus, âpre, etc.

A, bref *dans* Apôtre, apprendre, altéré, il chanta, etc.

Abe, long *dans* Arabe, astrolabe.

ABE, bref *dans* syllabe, syllabaire.

Able, long *dans* cable, diable, érable, fable, rable, sable, on accable, il hable.

ABLE, bref *dans* aimable, capable, durable, raisonnable, table, étable.

ABRE, toujours long, cinabre, sabre, il se cabre, délabrer, se cabrer.

AC, toujours bref, almanac, bac, sac, estomac, tillac.
les pluriels toujours longs.

ACE, long *dans* espace, grace, on lace, on délace, on entrelace.

ACE, bref *dans* audace, glace, préface, tenace, vorace, place.

(*) *Panse* veut dire *ventre*, et signifie ici la partie de la lettre qui avance.

M. Despréaux ne connoissoit point sans doute cette délicatesse, lorsqu'il a fait rimer *préface* avec *grâce :*

Un auteur à genoux dans une humble préface,
Au lecteur qu'il ennuie a beau demander grâce.

ACHE, long *dans* lâche, gâche, tâche, se fâcher, mâcher, relâcher, etc.	ACHE, bref *dans* tache, moustache, vache, Eustache, il se cache, etc.
ACLE, toujours long : racler, oracle, miracle, obstacle, spectacle, tabernacle.	
ACRE, long *dans* âcre, *piquant*, sacre, *oiseau.*	ACRE, bref *dans* acre, *de terre*, diacre, nacre, sacre *du Roi.*
	ADE, toujours bref : aubade, cascade, fade, sérénade, il persuade, etc.
ADRE, long *dans* cadre, escadre, quadrer, encadrer, madré.	ADRE, bref *dans* ladre.
	AFFE, APHE, AFFRE, toujours bref : caraffe, épitaphe, agraffe, balaffre, etc.
AFLE, long *dans* rafle, je rafle, rafler, érafler.	
AGE, long *dans* âge.	AGE, bref *dans* rage, page.

AGNE, long *dans* je gagne, gagner.	AGNE, bref *dans* compagne, Ascagne.
	AGUE, bref *dans* bague, dague, vague, extravaguer, etc.
	AIGNE, toujours bref: châtaigne, baigner, daigne, saigner.
AIGRE, long *dans* maigre, maigreur.	AIGRE, bref *dans* aigre, vinaigre.
	AIL, bref *dans* bercail, bétail, éventail, etc. *Les pluriels longs.*
AILLE, long *dans* bataille, caille, maille, railler, rimailler, etc.	AILLE, bref *dans* médaille, émailler, travaille, *et aux indicatifs;* je détaille, j'émaille, je bataille.
	AILLET et AILLIR toujours brefs: maillet, paillet, jaillir, assaillir.
AILLON, long *dans* baillon, haillon, penaillon, nous taillons.	AILLON, bref *dans* bataillon, médaillon, émaillons, détaillons, travaillons, etc.
AINE, long *dans* chaîne, haîne, gaîne, je traîne.	AINE, bref *dans* fontaine, plaine, capitaine, hautaine, souveraine.
	AIR, bref *dans* l'air chair, éclair, pair,

AIRE, long *dans* une aire, chaire, une paire, il éclaire.	
AIS, AISE, AISSE, toujours longs : palais, plaise, caisse, qu'il paisse.	
AIT, AITE, longs *dans* il plaît, il naît, il paît, faîte, attraits, parfaits, etc.	AIT, AITE, brefs *dans* attrait, il fait, lait, parfait, parfaite, retraite.
ALE, long *dans* hâle, pâle, mâle, râle, râler, hâlé, pâleur, etc.	AL, ALE, ALLE, brefs *dans* royal, bal, moral, cigale, malle, scandale, etc.
AME, AMME, longs *dans* âme, infâme, blâme, flamme, nous aimâmes, nous chantâmes, *et tous les prétérits en* âmes.	AME, AMME, brefs *dans* dame, épigramme, estame, rame, enflammer, j'enflamme, etc.
ANE, ANNE, AMNE, longs *dans* crâne, les mânes, de la manne, damner, condamner.	ANE, ANNE, brefs *dans* cabane, organe, organiste, panne, pannetier.
APE, long *dans* râpe, râpé, râper.	APE, APPE, brefs *dans* Pape, frappe, frapper, sappe, sapper.
ARE, ARRE, longs *dans* avare, barbare, barre, bisarre, je m'égare, tiare, barreau, barrière, larron, carrosse, carrière.	ARE, ARRE, bref *dans* avarice, barbarie, je m'égarois, amarrer, etc.

AVE, long *dans* conclave, entrave, grave, je pave, etc.	AV, AVE, brefs *dans* conclaviste, gravier, aggraver, paveur, etc.
ECS, long *dans* les Grecs, les échecs.	EC, bref *dans* sec, Grec, échec.
	EBLE, EBRE, ECE, brefs *dans* hièble, funèbre, nièce, pièce.
ECHE, long *dans* bêche, lêche, grièche, revêche, pêche, *fruit, ou l'action de prendre le poisson.*	ECHE, bref *dans* calèche, flèche, flamèche, sèche, brèche, péché, pécher.
	ECLE, EDE, EDER, brefs *dans* siècle, tiède, remède, céder, posséder, etc.
ÉE, toujours long *à la fin des mots* pensée, aimée; *et ainsi des autres voyelles suivies d'un* e *muet*, lie, jolie, nue, etc.	
EF, EFFE, longs *dans* chef, brefs, greffe, etc.	EF, EFFE, bref *dans* chef, bref, effet, etc.
EFLE, long *dans* nefle.	EFFLE, bref *dans* treffle.
EGE, long *dans* collége, sacrilége, siége, etc.	EGE, EGLE, EIGLE, brefs *dans* léger, règle, seigle, etc.

EGNE, long *dans* règne, douègne, etc.	EGNE, EIGNE, brefs *dans* impregne, peigne, enseigne, qu'il seigne.
	EGRE, EGUE, brefs *dans* alléguer, bègue, collègue, intègre, nègre, etc.
EIL, EILLE, longs *dans* vieil, vieillard, vieillesse.	EIL, EILLE, brefs *dans* soleil, abeille, sommeille, etc.
EIN, EINT, longs *au pluriel* : dépeints, desseins, sereins.	EIN, EINT, brefs *dans* atteint, dépeint, dessein, serein, etc.
EINE, long *dans* reine.	EINE, *presque* bref *dans* peine, veine.
EINTE, toujours long : atteinte, dépeinte, feinte, etc.	
EITRE, long *dans* reître.	
ELE, ELLE, longs *dans* zèle, poêle, frêle, pêle-mêle, il grêle, il se fêle, parallele.	ELE, ELLE bref *dans* modèle, fidèle, immortelle, rebelle, etc.
EM, EN, long *dans* temple, exemple, gendre, prendre, cimenter, tenter.	EM, EN, brefs *lorsque la consonne est redoublée, comme dans* emmener, ennemi, etc. *et à la fin des mots* item, amen, examen, hymen, Bethléem.

EME, long *dans* apozême, baptême, chrême, diadême.	EME, bref *dans* je sème, tu sèmes, il sème, etc.
ENE, ENNE, longs *dans* alène, chêne, scène, gêne, frêne, Athènes, anteunes.	ENE, ENNE, brefs *dans* qu'il apprenne, étrenne, phénomène, qu'il prenne, etc.
EPE, EPRE, longs *dans* crêpe, guêpe, vêpres.	EPRE, bref *dans* lèpre, lépreux, etc. EPTE, EPTRE, toujours brefs : il accepte, sceptre, spectre, précepte.
EQUE, long *dans* évêque, archevêque.	EQUE, ECQUE, brefs *dans* grecques, bibliothèque, obsèques.
ER, long *dans* amer, enfer, hiver, verd, léger, etc.	ER, bref *dans* Jupiter, Esther, *et dans les infinitifs* louer, manger, etc. ERC, bref *dans* clerc, etc.
ERE, ERR, longs *dans* chimère, père, il erre, il espère, sincère, perruque, nous verrons.	ERE, ERR, brefs *dans* chimérique, espérer, sincérité, erreur, erroné, errata, etc.
ESE, long *dans* il pèse.	ESE, bref *dans* pèse-t-il.
ESSE, long *dans* abbesse, professe, compresse, on me presse, expresse, cesse, lesse.	ESSE, bref *dans* caresse, paresse, tendresse, adresse, etc.

	ESTE, ESTRE, brefs *dans* modeste, leste, terrestre.
ET, EST, long *dans* arrêt, benêt, forêt, genêt, prêt, acquêt, apprêt, intérêt, têt, protêt, il est, etc. *et dans les pluriels.*	ET, bref *dans* cadet, bidet, sujet, hochet, marmouzet, etc.
ETE, long *dans* bête, fête, honnête, boëte, tempête, quête, arrêté, etc.	ETE, bref *dans* Prophête, poëte, comête, tablette.
ETRE, long *dans* être, ancêtre, salpêtre, fenêtre, prêtre, hêtre, champêtre, guêtre, je me dépêtre.	ETRE, ETTRE, brefs *dans* diamêtre, il pénètre, lettre, mettre, etc.
EULE, long *dans* meule, veule, etc.	EULE, bref *dans* seule, gueule, etc.
EUNE, long *dans* jeûne, *abstinence.*	EUNE, bref *dans* jeune, *en parlant de la jeunesse.*
EURE, long *dans cette fille est* majeure; *j'attends depuis une* heure.	EURE, bref, *dans la* majeure *part*, *une* heure *entière*.
EVRE, long *dans* orfèvre, lèvre, chèvre, lièvre.	EVR, EVRE, brefs *dans* levrette, chévrier, levraut, chévreuil.

IDRE, YDRE, longs *dans* hydre, cidre.	YDRE, bref, *dans* hydromel, *et par-tout ailleurs.*

IE, long *dans* il crie, il prie, vie, saisie.	IE, bref *dans* crier, prier, etc.
IGE, long *dans* tige, prodige, litige, je m'oblige, il s'afflige.	IGE, brefs *dans* obliger, s'affliger, etc.
ISLE, long *dans* isle, presqu'isle, etc.	ISLE, bref *par-tout ailleurs*.
IRE, long *dans* empire, cire, écrire, il soupire, il désire.	IRE, bref *dans* soupirer, désirer, etc.
ITE, ITRE, longs *dans* bénite, gîte, régître, vîte, etc.	ITE, ITRE, brefs *dans* bénitier, réitérer, titre, arbitre, etc.
IVE, IVRE, longs *dans* tardive, captive, Juive, vivre, ivre, etc.	IVE, IVRE, brefs *dans* captiver, captivité, ivresse, etc.

O, long *dans* oser, osier, ôter, hôte, etc.	O, bref *par-tout ailleurs et au commencement des mots* hôtel, hôtellerie.
OBE, long *dans* globe, lobe, etc.	OB, OBE, brefs *dans* globule, obélisque, *et par-tout ailleurs*.
ODE, long *dans* roder, je rode.	ODE, bref *dans* mode, antipode.
OGE, long *dans le seul mot* Doge.	OGE, bref *dans* éloge, horloge, déroger, *et par-tout ailleurs*.
OGNE, long *dans* je rogne.	OGNE, bref *dans* trogne, Bourgogne, *et par-tout ailleurs*.

OIENT, long *au pluriel*: ils avoient, ils chantoient.	OIT, bref *au singulier*: il avoit, il chantoit.
OIN, long *dans* oint, moins, joindre, pointe.	OIN, bref *dans* loin, besoin, moins, jointure, appointé.
OIR, OIRE, longs *dans* boire, gloire, dortoir, histoire, mémoire.	OIR, OIRE, brefs *dans* espoir, terroir, territoire, écritoire.
OI, toujours long *à la fin d'un mot*; Anglois, bourgeois, François.	OIS, bref *dans* bourgeoisie, foison, foisonner.
OLE, long *dans* drôle, geôle, môle, contrôle, rôle, il enjôle, il enrôle, il vôle, *de voler en l'air*.	OL, OLE, OLLE, brefs *dans* geolier, contrôleur, rollet, il vole, (*il dérobe.*)
OM, ON, longs *lorsque l'*m *ou l'*n *n'est pas redoublée, comme dans* bombe, conte, monde, etc.	OM, ON, brefs *lorsque l'*m *ou l'*n *est redoublée, comme dans* sommeil, connoître, monnoie, je sonnois.
OME, ONE, longs *dans* atôme, axiôme, amazône, prône, aumône, etc.	OMME, ONNE, brefs *lorsque la consonne est redoublée*, somme, pomme, consonne, couronne, etc.
ORE, ORPS, ORS, longs *dans* encore, hors, corps, pécore, je décore.	OR, ORE, brefs *dans* encor, décoré, évaporé, etc.
OT, long *dans* dépôt, impôt, prévôt, entrepôt, rôt, tôt.	OT, bref *dans* despote, impotent, dépoté, roti, prévotal.

OTE, long *dans* côte, côte, hôte, j'ôte, note, maltôte.	OTTE, bref *lorsque la consonne est redoublée*, hotte, cotte, *et dans les mots* flotte, note, motte, etc.
OTRE, long *avec l'accent circonflexe* : le nôtre, le vôtre, Apôtre.	OTRE, bref *lorsqu'il n'a point d'accent* : notre ami, votre affaire.
OUE, OUDRE, longs *dans* poudre, moudre, résoudre, il loue, roue.	OUL, OUDRÉ, OUÉ, brefs *dans* poudré, moulu, loué, roué, etc.
OUILLE, long *dans* rouille, j'embrouille, il débrouille, etc.	OUILLÉ, bref *dans* rouillé, brouillon, brouillard, etc.
OURRE, long *dans* de la bourre, il bourre, il fourre, qu'il courre.	OURRE, bref *dans* bourrade, courrier, rembourré, etc.
OUSSE, long *dans* pousse, je pousse, etc.	OUSS, OUSSE, brefs *dans* tousser, je tousse, coussin, etc.
OUTE, long *dans* joûte, je goûte, croûte, voûte, il se dégoûte.	OUTE, bref *dans* ajouter, coûter, couteau, il doute.
OUTRE, long *dans* coutre, poutre.	OUTRE, bref *dans* outré, outrance, *et partout ailleurs*.

UCHE, long *dans* bûche, embûche, on débuche, etc.	UCHE, bref *dans* bûcher, bûcheron, débucher, etc.

UE, toujours long; vue, cohue, tortue, on distribue, etc.	UE, *presque* bref *dans le mot* écuelle.
UGE, long *dans* déluge, réfuge, juge, ils jugent.	UGE, bref *dans* juger, réfugier, etc.
ULE, long *dans* brûler, je brûle.	ULLE, ULE, brefs *dans* bulle, mule, etc.
UM, UME, UN, longs *dans* humble, j'emprunte, parfums, bruns, nous reçûmes, nous ne pûmes, etc.	UM, UME, UN, brefs *dans* humblement, brume, parfumé, brune, pétun, pétune, un, une, dunes, hunes.
URE, long *dans* augure, parjure, on assure, etc.	URE, bref *dans* augurer, parjurer, assurer, etc.
USE, long *dans* excuse, je récuse, muse, ruse, incluse, etc.	USE, bref *dans* excuser, récuser, refuser, etc.
USSE, long *dans* je pusse, je connusse, ils accourussent, etc.	UCE, bref *dans* aumuce, astuce, puce, etc.
UT, long *dans tous les verbes au subjonctif;* qu'il fût, qu'il mourût, *et dans le seul mot* fût *de tonneau*, etc.	UT, bref *dans tous les verbes à l'indicatif*, il fut, il mourut, *et dans les substantifs* affut, scorbut, etc.

INTRUCTION

Pour les personnes qui enseignent à lire.

LA page 98 présente un petit tableau de chiffres Romains et Arabes, depuis un jusqu'à mille. Il faut donner de bonne heure ces notions aux enfants pour les initier au calcul est à la numération : ce travail est l'affaire de la main soit au croyon, soit à la plume.

Cette leçon est suivie de l'explication des abréviations qui se rencontrent souvent dans les livres et dans les gazettes. Il ne faut point négliger de les leur ſaire connoître : on leur épargnera par-là, la mortification de se trouver arrêtés, quand les abréviations se présentent.

CHIFFRES

ROMAINS ET ARABES.

Romain.		Arabe.	Romain.		Arabe.
·	un	1	XXI	vingt-un	21
II	deux	2	XXII	vingt-deux	22
III	trois	3	XXIII	vingt-trois	23
IV	quatre	4	XXIV	vingt-quatre	24
V	cinq	5	XXX	trente	30
VI	six	6	XL	quarante	40
VII	sept	7	L	cinquante	50
VIII	huit	8	LX	soixante	60
IX	neuf	9	LXX	soixante-dix	70
X	dix	10	LXXX	quatre-vingts	80
XI	onze	11	XC	quatre-vingt-dix	90
XII	douze	12	C	cent	100
XIII	treize	13	CXX	cent vingt	110
XIV	quatorze	14	CL	cent cinquante	150
XV	quinze	15	CC	deux cents	200
XVI	seize	16	CCC	trois cents	300
XVII	dix-sept	17	CD	quatre cents	400
XVIII	dix-huit	18	D	cinq cents	500
XIX	dix-neuf	19	DC	six cents	600
XX	vingt	20	M	mille	1000

ABRÉVIATIONS

Qui se rencontrent le plus ordinairement dans les livres, et principalement dans les gazettes.

J. C.	JESUS-CHRIST.
N. S. J. C.	Notre-Seigneur JesusChrist.
S. M.	Sa Majesté.
LL. M.	Leurs Majestés, le Roi et la Reine.
V. M.	Votre Majesté, en parlant au Roi.
LL. H. P.	Leurs Hautes Puissances, en parlant de la Hollande; on dit encore, en parlant d'elle,
L. É G.	Les États-Généraux.
L. P. O.	La Porte Ottomane, ou simplement la Porte. C'est la Cour du Grand Seigneur.
Mgr.	Monseigneur.
Mad.	Madame.
Mesd.	Mesdames.
Mlle.	Mademoiselle.
N. D.	Notre-Dame, la sainte Vierge.

Le P. R.	Le Prince Royal, le fils aîné du Roi de Suède, et celui du Roi de Prusse.	
La R. P. R.	La Religion Prétendue Réformée.	
S. A.	Son Altesse	C'est le titre des Princes et Princesses du Sang.
V. A.	Votre Altesse.	
S. A. Elect.	Son Altesse Electorale. C'est le titre des Princes Electeurs de l'Empire.	
S. A. Em.	Son Altesse Eminentissime, en parlant d'un Cardinal.	
S. A. R.	Son Altesse Royale, c'est le titre des Princes et des Princesses du Sang. *Nota.* C'est aussi le titre des Electeurs qui sont Rois, quand on n'en parle que comme Electeurs.	
S. A. S.	Son Altesse Sérénissime.	
V. A. S.	Votre Altesse Sérénissime, en parlant aux Princes.	
S. Em.	Son Eminence.	En parlant d'un, ou à un Cardinal.
V Em.	Votre Eminence.	
S. Exc.	Son Excellence.	En parlant aux Ambassadeurs et Plénipotentiaires.
V. Exc.	Votre Excellence.	
S. G.	Sa Grandeur.	

V. G. Votre Grandeur.

S. H. Sa Hautesse, en parlant de l'empereur des Turcs.

S. M. T. C. Sa Majesté Très-Chrétienne, le Roi de France.

S. M. B. Sa Majesté Britannique, le Roi d'Angleterre.

S. M. C. Sa Majesté Catholique, le Roi d'Espagne.

S. M. D. Sa Majesté Danoise le Roi de Danemarck.

S. M. Imp. Sa Majesté Impériale, l'Empereur.

S. M. Nap. Sa Majesté Napolitaine, le Roi de Naples.

S. M. Pol. Sa Majesté Polonoise, le Roi de Pologne.

S. M. Port. Sa Majesté Portugaise, le Roi de Portugal.

S. M. Pr. Sa Majesté Prussienne, le Roi de Prusse.

S. M. Suéd. Sa Majesté Suédoise, le Roi de Suède.

S. S. Sa Sainteté, le Pape.

V. S, Votre Sainteté, en lui parlant.

Le S. P. Le Saint Père, en parlant du Pape.

V. G. Votre Grandeur, en parlant aux Archevêques, Evêques, Ministres, Ducs, Généraux d'Armée.

Don *ou* Dom Mot Espagnol, qui signifie *Monsieur.* On donne ce titre aux Bénédictins, Chartreux, et Barnabites.

Le T. R. P. Le Très révérend Père, ou le Révérendissime Père : on donne ce titre aux Religieux distingués dans leur ordre.

La R. M. La Révérende Mère : on donne ce titre aux Religieuses ; elles se le donnent elles-mêmes entr'elles.

Fin de la première Partie.

LES

VRAIS PRINCIPES

DE LA LECTURE,

DE L'ORTHOGRAPHE

ET DE

LA PRONONCIATION FRANÇOISE.

SECONDE PARTIE.

INSTRUCTION

Pour les personnes qui apprennent à lire.

ON a renfermé dans la première Partie des *Vrais Principes de la Lecture* tout ce qui regarde la prononciation de la Langue Françoise : on s'est attaché dans cette seconde Partie, à donner aux jeunes personnes une idée de nos connoissances. Les pages suivantes contiennent une suite de pièces de lecture sur différents mots rangés suivant l'ordre alphabétique. On n'a eu d'autre objet que de donner aux enfans de simples notions relatives aux arts, aux sciences, à la religion, à la guerre, au commerce, et généralement à tout ce dont il est nécessaire et agréable d'avoir quelques idées nettes et précises.

Il seroit important, pour un enfant, que son maître s'arrêtât avec lui à considérer chacun de ces différents objets, et à les retourner, pour ainsi dire, sous ses yeux; ce sont autant de germes qui, jetés adroitement dans l'esprit, sont bien propres à l'enrichir, et à lui donner de la fécondité.

PETITES PIÈCES DE LECTURE.

L'Agriculture.

On pourroit absolument se passer de certaines connoissances, qu'on ne recherche que pour l'ornement de l'esprit ; mais l'Agriculture en est une nécessaire, puisqu'elle enseigne à faire produire à la terre les grains, les fruits et les légumes. C'est aussi par les soins de l'Agriculture que nous avons des arbres assez forts pour construire des maisons, et pour d'autres usages.

L'Algèbre.

On trouve dans l'Algèbre une façon de calculer plus prompte et plus étendue encore que dans l'Arithmétique ; mais l'Algèbre est une science qui paroît si difficile, qu'on dit communément de quelque chose qu'on a de la peine à comprendre : *c'est de l'Algèbre.*

l'Anatomie.

Le corps humain est composé de tant

de parties, qu'il faut une longue étude pour les connoître, et une grande expérience pour savoir quelles sont leurs fonctions. L'Anatomie, qui donne cette connoissance, a plusieurs divisions, dont la principale est l'ostéologie, qui enseigne à l'Anatomiste à distinguer les différentes propriétés des os.

l'Arithmétique.

On peut dire que l'Arithmétique ou l'art de chiffrer est une des plus utiles sciences. C'est en suivant ses principes qu'on compte avec certitude, et qu'on suppute d'un trait de plume les nombres les plus divisés. Les caractères qu'on emploie pour compter, sont de deux espèces. Le chiffre arabe dont on se sert communément, et le chiffre romain ou chiffre de finance. Tel est celui qui marque l'heure sur nos cadrans.

l'Architecture.

Si l'on veut bâtir solidement une maison, la rendre commode, et l'orner avec goût, il faut se rendre familières les règles de l'Architecture. Les Architectes, avant que de commencer un bâtiment, en tracent sur le papier les plans et les élévations.

On appelle Architecture civiles, l'art de construire les maisons; comme on appelle Architecture militaire, l'art de fortifier les places. Les ouvriers employés aux bâtiments, travaillent sous les ordres de l'Architecte.

On compte cinq ordres d'Architecture, sçavoir : le Toscan, le Dorique, l'Ionique, le Corinthien et le Conposite.

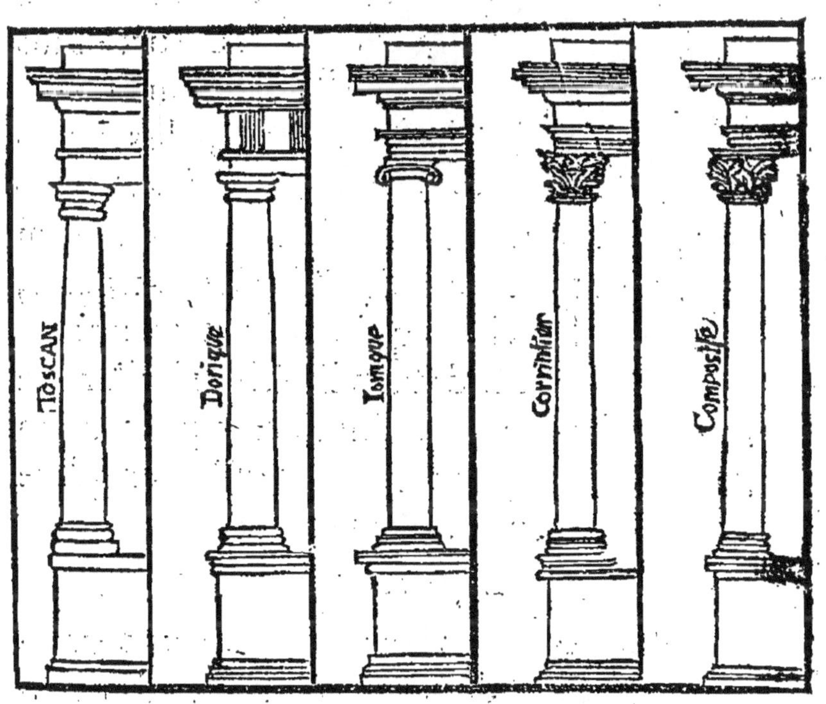

Les Arts et Métiers.

On nomme Arts et Métiers ce qui fait l'occupation des artisans et des ouvriers. Il y a peu de ces métiers qui ne tiennent aux mathématiques, ou à quelque autre science. Les manufactures sont des maisons où l'on rassemble plusieurs ouvriers pour la même entreprise. Telles sont les manufactures de glaces, de fer-blanc, de verres, de draps, de tapisseries, etc.

L'Artillerie.

On ne sauroit s'emparer d'une place forte sans le secours du canon, des bombes, des grenades, et des autres machines de guerre qui sont en usage pour détruire les remparts, et brûler les villes qui font résistance.

On comprend dans l'Artillerie l'art de construire ces machines, et la perfection des différentes manœuvres qu'on emploie pour s'en servir avec succès.

L'Astronomie.

Les astres ont une grandeur déterminée; dont les astronomes rendent un compte exact, et ils connoissent si bien la distance et le cours de ces astres, qu'ils annoncent une éclipse qui ne doit paroître que dans cent ans, dans mille ans.

Le progrès que l'on fait dans l'étude de la sphère sert beaucoup à l'intelligence de l'Astronomie.

L'Astronomie.

Plus on a d'admiration pour la certitude de l'Astronomie, plus on a de mépris pour la fausseté de l'Astrologie judiciaire. Les astrologues prétendent lire dans les astres le bonheur ou le malheur de ceux qui ont la foiblesse de les consulter; mais toutes les sciences qui ont la divination pour objet, telles que la chiromancie, la nécromancie, la cabale et quelques autres encore, sont des sciences que les gens sensés ne connoissent que pour en faire sentir le ridicule.

Les Belles-Lettres.

Connoître les auteurs qui ont écrit en prose et en vers, dans quelque langue que ce soit, c'est sçavoir les Belles-Lettres. On donne le titre d'hommes lettrés à ceux qui ont lu avec réfléxion, et qui ont retenu ce qu'il y a de meilleur dans les livres. Rien ne fait tant d'honneur que d'être en état de citer à propos quelques vers ou quelques phrases d'un auteur.

C'est ce qu'on appele avoir de l'érudition.

Le Blazon.

Chaque Royaume, chaque Ville, chaque Communauté, chaque famille, a une marque particulière qu'on grave, qu'on brode, qu'on peint sur ce qui leur appartient, ces marques sont connues sous le nom d'armes ou d'armoiries.

L'art héraldique ou le blason, qui apprend à nommer en termes propres et particuliers toutes les parties qui composent ces armoiries, consiste principalement à connoître les traits ou achures dont on est convenu pour représenter les métaux et les couleurs. Ainsi l'or se marque par des points, fig. 1. L'argent est tout blanc 2. Le bleu ou azur se représente par des lignes horisontales 3. Le gueules ou rouge par des traits perpendiculaires 4. Le sinople ou vert par des lignes diagonales de droite à gauche 5. Le pourpre ou violet par des lignes aussi diagonales de gauche à droite 6. La sable ou noir par des lignes croisées 7.

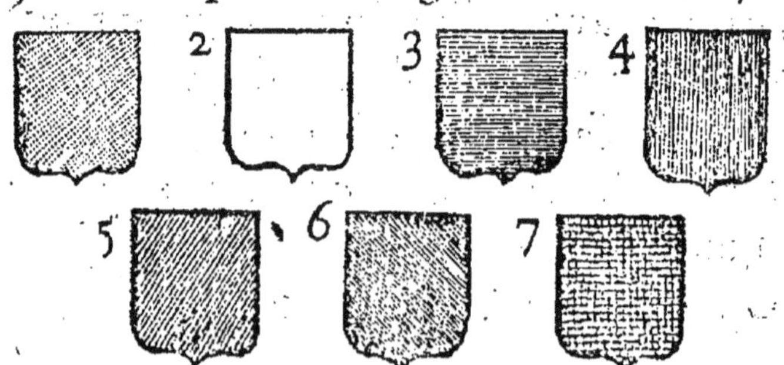

La Botanique.

C'est la partie la plus essentielle de l'Agriculture, et la plus utile à la médecine.

Nous connoissons environ trente-six mille plantes. Un botaniste doit en distinguer les noms et les espèces, et doit surtout sçavoir quel est l'usage de chacune de ces plantes.

La Botanique s'appelle aussi la connoissance des Simples.

La Chymie.

Les trois règnes de l'histoire naturelle font l'occupation de la Chimie. Elle distile les plantes, pour en séparer le pur et l'impur ; elle travaille les métaux pour les rendre plus parfaits. Différentes parties des animaux sont aussi mises en œuvres par les Chymistes. Les opérations qui ne tendent qu'à la composition des médicamens, appartiennent à la Pharmacie, qu'on appelle aussi apothicairerie, et pharmacopée.

La Chirurgie.

Un Chirurgien doit avoir une connoissance parfaite de l'anatomie, pour réparer les accidents qui peuvent arriver à chaque partie du corps; il panse les plaies, il redresse et rétablit les membres offensés ou rompus. Toutes les opérations, enfin, qu'on est obligé de faire sur le corps humain, sont enseignées par la Chirurgie.

Le Commerce.

Sans le Commerce, nous manquerions d'un grand nombre de choses qui viennent des pays étrangers; les étrangers manqueroient aussi de tout ce qu'ils tirent de chez nous.

Acheter des étoffes, des meubles, des denrées dans tous les pays, et dans toutes les villes du monde, envoyer dans ces pays et dans ces villes des marchandises pour y gagner, c'est faire le commerce; c'est être dans le négoce. Les banquiers commercent aussi en argent, par le moyen des lettres de change.

La Critique.

Il semble qu'il soit aisé de critiquer les actions ou les ouvrages qui méritent de l'être, et rien ne demande plus d'art et de ménagement pour le faire, de façon que ceux même qui sont critiqués, ne puissent s'en plaindre.

La critique est de tous les talents le plus dangereux ; et l'on ne peut en éviter les inconvénients, qu'en l'accompagnant de toute la politesse possible.

La Chronologie.

Les événements dont parle l'histoire, sont arrivés dans des temps différents, qu'il est important de retenir pour ne pas les confondre. L'exactitude dans les citations qu'on fait de ces temps, se nomme Chronologie.

Un chronologiste sait dans quel temps la ville de Rome a été bâtie ; en quelle année Jésus-Christ est mort ; quel jour Louis XV fut sacré roi de France, et généralement les dates précises de chaque trait d'histoire.

La Danse.

Tout le monde connoît la Danse ; on sait que c'est l'art de former, au son des instruments, différents pas, qui doivent toujours conserver les graces de la belle nature. Mais bien des gens ignorent que la chorégraphie apprend à tracer et à distinguer sur le papier les différentes figures de toutes sortes de danses et de ballets les plus composés.

Le Dessin.

Nous connoissons peu d'arts qui puissent se passer du Dessin. Tracer au crayon la vue d'une campagne, une figure, la façade d'une maison, d'un jardin, les fleurs d'une étoffe, est ce qu'on appelle dessiner.

Il y a des dessinateurs qui ne travaillent que pour l'architecture, les uns pour le paysage, et les autres pour l'ornement.

La Déclamation.

Les discours composés selon les règles de la rhétorique, se prononcent avec une exactitude, et un ton mesuré qu'on nomme la déclamation. Un Orateur (c'est le nom de ceux qui font ces discours) doit avoir autant d'attention à prononcer qu'à composer. La déclamation du poëme dramatique est ce qu'on appelle jouer la comédie.

Réciter des vers comme ils doivent être récités, c'est aussi déclamer.

Les bons déclamateurs sont rares.

Les différens Exercices.

L'ART de tirer des armes, est un exercice nécessaire à un homme exposé à attaquer et à se défendre l'épée à la main.

Plusieurs exercices sont aussi en usage pour l'utilité et pour l'amusement ; ils ont chacun leurs règles particulières : tels sont l'art de voltiger, la chasse aux chiens courants, la chasse aux oiseaux de proie, la pêche et beaucoup d'autres.

L'Économie.

Les détails qu'exigent les différentes nécessités de la vie, sont les détails de l'économie. Un esprit économe, persuadé que la plus belle économie est de donner le plus souvent que l'on peut, mais qu'il faut donner à propos, sait régler sa dépense sans avarice et sans prodigalité.

L'Écriture.

L'Ecriture trace, par un certain nombre de caractères décidés, tout ce que l'esprit peut penser ; et comme dit un poëte, l'écriture est l'art *de peindre la parole, et de parler aux yeux.* La forme différente qu'on donne aux lettres qui composent l'écriture, lui donne aussi différents noms.

Nous avons l'écriture gothique, la bâtarde, l'angloise, la ronde, la françoise, la coulée ou financière, et la romaine.

La Fable.

La fable étoit la religion des payens; ils adoroient plusieurs dieux. La connoissance de ces faux dieux, et de tout ce qui a quelque rapport à eux, se nomme aussi mythologie; il faut prendre garde de confondre la fable avec les fables qui sont de petits contes que l'on récite, et dont les animaux sont le plus souvent les acteurs. On appelle Fabulistes ceux qui font des fables.

La Finance.

Tous ceux qui font leur principale occupation de recevoir et de donner de l'argent, sont appelés gens de finance. Les Receveurs lèvent les sommes qui sont dues au Roi dans chaque province de son royaume; et les trésoriers paient par son ordre les différens officiers qui le servent; ce quil faut savoir pour réussir dans la distribution et le maniement de cet argent, est ce qu'on appelle finance.

Les Fortifications.

Pour bien attaquer ou défendre une place, il faut en connoître le fort et le foible. L'étude des fortifications, qu'on appelle l'architecture militaire, donne cette connoissance, en enseignant à élever des remparts, des tours et d'autres ouvrages qui puissent empêcher l'ennemi d'aborder. Les ingénieurs sont ceux qui font une étude plus particulière des fortifications et des travaux nécessaires pour se rendre maître d'une ville fortifiée.

La Géographie.

La connoissance générale des parties qui composent le Monde, s'appelle Géographie. Pour donner cette connoissance, sans être obligés de parcourir ces pays immenses, les géographes tracent sur des cartes la situation et la forme de ces pays. On distingue facilement, sur les cartes, les mers, les montagnes, les rivières, les villes et tout ce qui forme le monde terrestre.

La Géométrie.

Le traité le plus important des mathématiques, et qui aide le plus à réussir dans l'étude des autres traités, c'est la Géométrie. Le bon Géomètre mesure et divise, par des règles certaines, tout ce qui se présente à la vue, et même à l'imagination.

Généalogie.

On ne doit point négliger de connoître le commencement, le progrès et les alliances des familles illustres. Chaque famille a sa généalogie, c'est-à-dire, une suite connue de pères, grands-pères, bisaïeuls, trisaïeuls, etc. Louis XV étoit fils de Louis duc de Bourgogne, qui avoit épousé Marie-Adélaïde de Savoie. Le duc de Bourgogne, étoit petit-fils de Louis XIV. Louis XIV étoit fils de Louis XIII. C'est ainsi qu'un généalogiste expose les degrés de parenté.

La Guerre.

Dès qu'un Souverain a de justes raisons de se plaindre d'un autre Souverain, il lui déclare la guerre. Il envoie sur les terres de son ennemi des armés pour s'emparer des villes qui sont sous son obéissance. L'art de la guerre comprend l'attaque et la défense des villes, c'est la science d'un général d'armée, et de tous les officiers qui servent sous ses ordres.

La Grammaire.

L'assemblage des règles établies pour parler correctement une langue, s'appelle Grammaire. On dit qu'un homme est bon grammairien, quand il parle bien sa langue. C'est dans la grammaire qu'on apprend l'orthographe, qui est la principale partie de l'écriture. L'orthographe consiste à employer les lettres nécessaires pour former chaque mot, et à n'en point mettre d'inutile.

L'Histoire.

Sans les recherches des historiens, nous ignorerions ce qui est arrivé depuis la création du Monde, dans tous les pays qui le composent. L'histoire universelle nous rappelle non-seulement ce qui s'est passé chez chaque peuple, mais elle nous apprend encore les mœurs, les liaisons, et les guerres que ces peuples ont eues. Les histoires particulières sont celles qui parlent que d'un pays ou d'un événement; par exemple, la guerre de Troie, l'histoire de France, les révolutions d'Irlande.

L'Histoire Naturelle.

Tout ce que produit la Nature, se divise en trois parties. Le règne des animaux, celui des minéraux, et celui des végétaux.

Les hommes, les poissons, les oiseaux, les insectes, et généralement toutes les bêtes sont du règne animal. Les arbres et les petites plantes sont du règne végétal. Tout ce qu'on trouve dans la terre, comme les pierres, les diamants, l'or, l'argent, et les autres métaux, compose le règne minéral. Quand on connoît ce que rassemblent ces trois règnes, on sait l'histoire.

La Jurisprudence.

La Jurisprudence renferme tout ce qui sert à rendre la justice selon les lois. L'étude de cette science est ce qu'on appelle l'étude du droit. Un Juge l'apprend pour punir les criminels, à proportion des crimes qu'ils ont commis, et pour juger les contestations des plaideurs.

Un avocat et un Procureur l'apprennent pour aider de leurs conseils, et pour faire valoir les raisons de ceux qui plaident. Un notaire doit aussi savoir les lois pour faire des actes qui y soient conformes.

Les Jeux.

Presque tous les jeux tiennent leurs premiers principes de l'arithmétique ; et la plupart tirent un grand avantage de la facilité de bien compter. On peut les diviser en quatre espèces.

Jeux d'adresse, comme la paume.

Jeux de cartes, comme le piquet.

Jeux de dez, comme le tric-trac.

Jeux de pure réflexion, comme les échecs.

On distingue aussi les jeux de hasard, dont on ne devroit connoître que le danger.

Les Langues.

Les habitants de différents pays du monde parlent un langage différent. Un Turc, par exemple, n'entend point ce qu'on dit, quand on parle françois ou italien, à moins qu'il n'ait étudié ces langues. La science des langues s'apprend en parlant avec ceux qui les savent, ou par le secours des règles. On appelle langues mortes celles qu'on ne parle plus chez aucun peuple, et qui subsistent seulement dans les livres.

La Logique.

Il ne faut pas croire qu'on puisse raisonner juste. La Logique, qu'on connoît pour la 1re partie de la Philosophie, empêche le logicien de s'égarer dans de fausses idées, et le conduit toujours par principes à la justesse d'une décision solide. Les mots *dialectique et logique*, signifient la même chose.

Le Manège.

Il est très-important, surtout à ceux qui sont destinés à la guerre, de bien monter à cheval, de connoître les défauts, les beautés et les maladies des chevaux, de les dompter, de les mener avec art. La façon de faire travailler un cheval, est ce qu'on appelle manège. Il y a plusieurs sortes de manège; un bon écuyer les connoît toutes.

La Marine.

On fait la guerre sur mer presque aussi souvent que sur terre. Plusieurs vaisseaux, qu'on appelle une flotte, quand ils marchent ensemble, sont chargés de soldats et d'artillerie pour combattre une flotte ennemie. Tout ce qui concerne la construction, et la façon de conduire ces vaisseaux, s'appelle la marine ou la navigation.

Il y a des vaisseaux qui ne servent qu'à transporter des marchandises ; ce sont les vaisseaux marchands, les autres sont les vaisseaux de guerre.

Les Mathématiques.

Les sciences qui, dans leurs opérations obligent à employer des forces, à calculer ou à mesurer, sont toutes réunies dans une seule science, qu'on appelle les Mathématiques.

L'arithmétique, par exemple, la sphère, l'architecture, sont trois traités qui en font partie. Les Mathématiques renferment jusqu'à cinquante traités différents ; mais il est presqu'impossible qu'un seul Mathématicien les sache tous également bien.

Les Méchaniques.

L'étude des Méchaniques nous fournit bien des secours dont on auroit de la peine à se passer. Le mouvement des poulies, la force des leviers, la justesse des horloges, la construction des voitures, et de toutes les machines qu'on emploie dans les arts, est due aux différentes découvertes des Méchaniciens.

On joint ordinairement aux Méchaniques le traité de la Statique, par lequel on connoît l'usage des poids et contre-poids.

Les Médailles.

Les Médailles sont des espèces de monnoies antiques ou modernes qui représentent, d'un côté, la tête d'un homme illustre, et de l'autre, quelque action d'éclat qui s'est passée pendant sa vie.

La date de chaque action est sur les médailles, ainsi, en rappelant les principaux traits de l'histoire, elles servent essentiellement à la justesse de la chronologie. On appelle antiquaires, ceux qui s'attachent à la connoissance des médailles.

Ils y joignent ordinairement la connoissance des statues antiques, et des pierres gravées.

La Médecine.

Quand par l'usage de l'Anatomie, on connoît les fonctions de chaque partie du corps, il faut que la Médecine apprenne à connoître les remèdes que l'on peut apporter au dérangement de ces parties. Une trop grande chaleur cause-t-elle la fièvre, un médecin sait ce qu'il faut pour la tempérer, et pour guérir enfin tous les maux auxquels le corps humain est sujet.

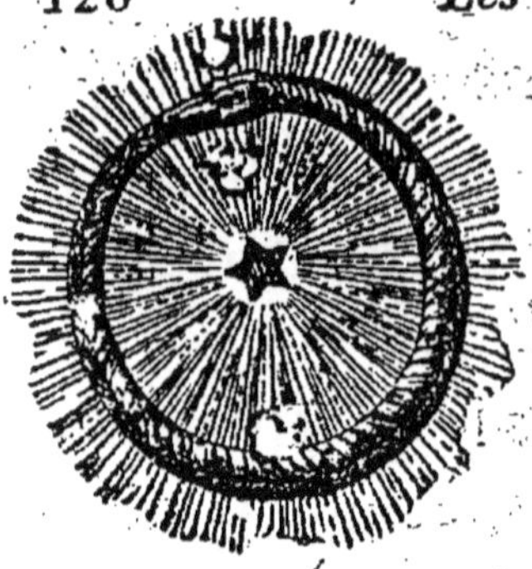

La Métaphysique.

La dernière partie de la Philosophie est la Métaphysique, et la plus difficile à apprendre et à approfondir. Un métaphysicien ne raisonne jamais que sur des sujets purement spirituels; il travaille sans cesse à prouver des choses dont on ne peut juger par les sens, et dont il est quelquefois permis de douter.

Ainsi, quand on dit qu'un raisonnement est simplement métaphysique, c'est comme si l'on disoit qu'on raisonne sans être appuyé sur un fondement solide.

Le Monde.

Aucun livre n'enseigne l'usage du monde : c'est la science qui demande le plus de pratique, et sans laquelle presque toutes les autres sciences sont inutiles. Railler avec discrétion ; entendre raillerie ; ne pas faire parade de ce qu'on sait ; être poli sans affecter de l'être, et feindre de ne pas s'apercevoir du défaut de politesse qu'on pourroit trouver dans les autres : voilà les principales règles qui doivent servir de conduite pour réussir dans le monde.

La Morale.

Le vrai Philosophe est celui qui sait se rendre maître de lui-même. Aussi la morale, ou l'art de conduire ses actions, passe-t-elle pour la partie la plus utile de la philosophie : c'est elle qui donne des bornes aux passions, qui déracine le vice, et captive la vertu. La morale enfin est la science des mœurs.

La Musique.

La Musique enseigne les règles de l'harmonie : et c'est ce qu'on appelle composition. Elle enseigne aussi à rendre méthodiquement, par le son de la voix, ou par le secours des instruments, les différents tons qui forment l'harmonie : ainsi on la divise en musique vocale, et en musique instrumentale. La précision dans la mesure est également nécessaire aux deux genres de musique.

La Peinture.

Quand on met des couleurs sur les figures qu'on a tracées, ce qu'on appelle dessin se nomme alors Peinture. On distingue différents genres de peinture. La peinture à l'huile qu'on emploie pour les tableaux ; la détrempe et la fresque, dont on se sert sur les plafonds et sur les murs ; la miniature et l'émail pour les petits portraits ; et enfin le pastel, qui n'est autre chose que des crayons de toutes sortes de couleurs.

La Physique.

Rien n'embarrasse un physicien : il sait tout ce qui se passe dans les quatre élémens ; il sait ce qui forme le tonnerre ; ce qui cause la pluie ; comment la terre produit des fruits ; pourquoi le feu s'augmente à l'air ; pourquoi il s'éteint quand il en manque. Il rend compte des effets de la lumière, de la cause des couleurs : en un mot, toute la nature est approfondie dans la Physique, qui est la troisième partie de la philosophie.

Le Poëme épique.

Le récit que l'on fait en vers des aventures d'un héros ou d'un événement d'une guerre, est ce qu'on appelle Poëme épique. La différence du Poëme épique au dramatique, c'est que dans le dramatique, les héros parlent, et dans l'épique, le poëte raconte ce qu'ils ont fait ou dit. Les aventures de Télémaque, par exemple, séroient un Poëme épique, si elles étoient en vers.

Le Poëme dramatique.

Le plus petit ouvrage de poésie, une chanson, par exemple, une fable, est un poëme; il y en a de plusieurs sortes, on en compte environ 15 différens.

Le Poëme dramatique est un des principaux. On nomme Poëme dramatique une tragédie ou une comédie. Les vers composés pour être mis en musique, tels que ceux des opéras, sont appelés vers lyriques.

La Poésie.

La Poésie est l'art de faire des vers, et l'on appelle poëtes ceux qui y réussissent. Les vers sont des mots arrangés, dont on compte chaque syllabe. Il y a des vers de différentes longueurs, mais ils finissent toujours par un mot qui rime avec le dernier mot d'un autre vers. Les grands vers, qu'on appelle *alexandrins*, sont composés de douze syllabes.

On me le dit du matin jusqu'au soir ;
Il est bien glorieux, dans l'âge le plus tendre,
D'apprendre et de savoir :
Mais pour savoir, il faut apprendre.

La Politique.

La première science d'un prince après la religion, doit être la politique. Elle lui enseigne avec quelle dignité il faut se ménager l'amitié et les secours des princes ses voisins, et avec quelle circonspection il faut gouverner ses sujets. Des particuliers font aussi une étude de cette science pour pouvoir juger avec connoissance de ce qui se passe dans toutes les cours, et mériter le titre d'habiles dans les intérêts des princes.

La Prose.

On écrit en prose ou en vers. La prose

est la façon simple, dont on parle dans la conversation, dans une lettre, dans la plupart des livres, ce que je dis actuellement est de la prose. La tournure que chacun emploie en particulier pour s'exprimer, s'appelle style. Le meilleur style est celui dont les phrases sont les plus naturelles. Une phrase est une certaine quantité de mots liés ensemble, et qu'on met toujours entre deux points ou deux virgules.

La Religion.

On entend par Religion, la Religion Catholique; car il y en a de plusieurs sortes; la science de la vraie Religion apprend à connoître la grandeur et la bonté de Dieu, ce qu'il commande, et ce qu'il défend.

Les auteurs qui en traitent à fond, s'appellent Théologiens, et cette science s'appelle Théologie.

Les fausses Religions.

On appelle hérétiques ceux qui ne croient pas dans tous les points ce qu'ordonne de croire la Religion catholique :

tels sont les Luthériens, les Calvinistes et beaucoup d'autres.

Il y a des Religions absolument différentes de la nôtre. On a vu des peuples adorer le soleil, d'autres ont adoré des animaux. Enfin, toute Religion qui n'est pas exactement catholique, est une fausse Religion.

La Rhétorique.

L'Eloquence persuade et touche ceux à qui l'on parle: mais pour être éloquent, outre les règles de la grammaire, il y a encore d'autres règles. Il ne suffit pas de placer sans ordre ce qu'on veut: il faut composer son discours avec art. C'est la Rhétorique qui enseigne cet art, et l'on appelle rhétoriciens ou Rhéteurs, ceux qui savent en faire usage.

La Sphère.

Il faut toujours joindre à la science de la Géographie, celle de la Sphère; elle enseigne à connoître le monde terrestre. On appelle monde céleste, le *Ciel*, où l'on distingue, le soleil, la lune et les étoiles. C'est la Sphère qui représente le cours des astres; et pour faciliter l'étude de ces sciences, on dessine le ciel et la terre sur deux boules, qu'on nomme globe terrestre et globe céleste.

La Sculpture.

Pour donner au bois, au marbre, et aux métaux des formes différentes, il faut d'après les régles du dessin, savoir mettre en pratique la manœuvre et les finesses de la Sculpture. Une belle statue, un vase bien coupé, un bas-relief sculpté avec art, font autant d'honneur au sculpteur, qu'un tableau parfait peut en faire à l'habile peintre.

La Théorie et la Pratique.

Il y a deux façons de s'instruire. La première est établie sur la Théorie; on appelle ainsi l'assemblage des règles et des principes d'un art ou d'une science. La seconde façon de savoir est totalement différente de la théorie: c'est la Pratique.

Un jardinier taille un arbre avec succès par l'habitude qu'il a de tailler, et selon les avantages qu'il a reconnus d'une année à l'autre; mais ce jardinier ne pénètre point les raisons qui l'ont fait réussir. L'habitude de travailler ainsi, sans remonter aux principes, s'appelle la Pratique. Pour être parfait dans quelque genre de science que ce soit, il faut réunir la science théorique à la science pratique.

Droit naturel, Économique, Politique.

Comme être isolé, l'homme a des devoirs à remplir, qui regardent son existence propre, et le soin qu'il doit prendre de la conserver; on comprend sous le nom de *Jurisprudence naturelle*, les lois relatives à cet objet.

La qualité de Père de famille impose à tous les hommes des devoirs particuliers à l'égard de leurs enfants. Les lois qui les ont eus en vue, servent encore aujourd'hui à déterminer les successions, le partage des biens et les autres objets qui appartiennent à la *Jurisprudence économique*.

En s'unissant avec sa famille, à des familles plus nombreuses, les rapports de l'homme changeant, ses devoirs se sont accrûs en même proportions. Les lois qui les ont considérés sous cet aspect, ont donné lieu à toutes les institutions de la *Jurisprudence politique*. On les a divisées en autant de branches, qu'il y a de matières sujettes à la législation.

INSTRUCTION

Pour les personnes qui enseignent à lire.

Les premiers élémens de la Grammaire françoise doivent surtout servir de leçons de lecture aux élèves : c'est le moyen de leur en donner une première idée, sans qu'il leur en coûte beaucoup de peine ; la mémoire se charge facilement de ce qu'on a lu plusieurs fois. Après avoir fait lire un petit article à un enfant, on peut commencer à lui en demander compte, et l'aider à l'entendre.

Il faut insensiblement lui faire connoître les neuf parties du discours qui composent toute la Langue françoise, lui apprendre à décliner les noms, à conjuguer les verbes, et à bien distinguer celles de ces neuf parties qui ne se déclinent ni se conjuguent, telles que sont l'adverbe, la préposition, la conjonction et l'interjection.

GRAMMAIRE FRANÇOISE.

LA langue françoise est composée de neuf sortes de mots ; savoir, le nom, l'article, le pronom, le verbe, le participe, l'adverbe, la proposition, la conjonction et l'interjection.

DU NOM.

Il y a deux sortes de noms ; le nom substantif et le nom adjectif.

Du nom substantif.

Le nom substantif est un mot qui nomme simplement une chose quelconque.

Les mots *soleil*, *lune*, *étoiles*, sont des noms substantifs.

Du nom adjectif.

Le nom adjectif est un mot qui marque de quelle manière ou de quelle couleur est la chose nommée par le nom substantif.

Les mots *rond*, *ronde*, *brillant*, *brillante*, sont des noms adjectifs.

Dans l'usage ordinaire, le nom adjectif se joint presque toujours à un nom substantif. Il marque encore la qualité de la chose nommée par le nom substantif. Exemples : *le soleil est rond*, *la lune est ronde*, *les étoiles sont brillantes*, *le pain est bon.*

Ce qu'on dit ici des choses se dit aussi des personnes, et de tous les êtres en général.

Exemples: *Voilà un brave homme*, *c'est une femme sage*, *la vertu est aimable.*

Des genres.

La langue françoise n'a que deux genres, le masculin qui désigne le mâle ou tout ce qui est du même genre, comme *l'homme*, *le soleil*, *le temps*, etc. et le féminin, qui désigne la femelle, ou tout ce qui est du même genre, comme *la femme*, *la lune*, *la terre*, etc.

Des nombres.

Il y a deux nombres : le singulier, quand on ne parle que d'une seule chose ou d'une seule personne, comme quand on dit *l'homme*, *la femme*, *le ciel*, *la terre* ; et le pluriel quand on parle de plusieurs choses, comme quand on dit : *les hommes*, *les femmes*, *les cieux*, *les terres.*

Des cas.

Il y a six cas : le nominatif, le génitif le datif, l'accusatif, le vocatif et l'ablatif.

Ces six cas servent à décliner les noms

substantif par le moyen des articles *le*, *la*, *les*, *de*, *du*, *des*, *à*, *au*, *aux*, dont on parlera ci-après.

Exemple de déclinaison, tant au singulier qu'au pluriel.

Nom substantif masculin.

Singulier.	Pluriel.
N. le Roi	N. les Rois
G. du Roi	G. des Rois
D. au Roi	D. aux Rois
Ac. le Roi	Ac. les Rois
Voc. ô Roi	Voc. ô Rois
Abl. du Roi *ou* par le Roi	Abl. des Rois *ou* par les Rois.

Nom substantif féminin.

Singulier.	Pluriel.
N. la Reine	N. les Reines
G. de la Reine	G. des Reines
D. à la Reine	D. aux Reines
Ac. la Reine	Ac. les Reines
Voc. ô Reine	Voc. ô Reines
Abl. de la Reine *ou* par la Reine.	Abl. des Reines *ou* par les Reines.

Des noms adjectifs.

Les noms adjectifs servent à comparer ensemble les noms substantifs, et à former ce qu'on appelle degrés de signification. Exemple : *le soleil est plus éclatant que la lune*, ou *la lune est moins éclatante que le soleil.*

Des degrés de signification.

Il y a trois degrés de signification, c'est-à-dire, trois manières de comparer ensemble les noms substantifs ; savoir, le positif, comme *grand*; le comparatif, comme *plus grand*; le superlatif, comme *très-grand.*

Exemples : *Alexandre étoit un grand homme. César étoit plus grand homme que Pompée. Louis XIV étoit un très-grand Roi.*

Un nom adjectif est au superlatif quand il y a *le* ou *la* devant *plus*, ou un de ces mots, *très*, *fort*, *extrêmement*, *infiniment*, *parfaitement*, *souverainement.* Ainsi, *le plus savant*, *la plus savante*, *très-savant*, *très-savante*, *fort aimable*, *la plus aimable*, *extrêmement poli*, *le plus poli*, *infiniment bon*, *extraordinairement bon*, *parfaitement heureux*, *le plus heureux*, *la plus heureuse*, *souverainement juste*, *le plus juste*, sont au superlatif.

Il y a des comparatifs et des superlatifs qui s'expriment en un seul mot : ces comparatifs sont, *meilleur*, *moindre*, *pire.*

Exemples : *meilleur* signifie *plus bon* (expression qui n'est point d'usage); *pire*, signifie *plus mauvais*; *moindre*, signifie *plus petit.*

Les superlatifs qui s'expriment en un seul mot, sont *généralissime*, *sérénissime*, *révérendissime.*

Noms de nombres absolus.

Il y a des nombres adjectifs qui servent

à compter ; ce sont, *un*, *deux*, *trois*, *quatre*, *cinq*, *six*, *sept*, etc. on les appelle noms des nombres absolus.

Noms de nombres ordinaux.

Il y en a d'autres qui marquent l'ordre et le rang ; ce sont *le premier*, *la première*, *le second*, *le troisième*, *le quatrième*, etc. tant pour le masculin, que pour le féminin, le singulier et le pluriel ; on les appelle noms de nombres ordinaux.

Il y a trois sortes de noms substantifs ; savoir, les noms *communs*, les noms *propres*, et les noms *collectifs*.

Noms substantifs communs.

Les noms *communs* sont ceux qui désignent les espèces d'un même genre : ainsi les mots *hommes*, *chevaux*, *bêtes*, sont des noms substantifs *communs*, parce qu'ils désignent,

le premier, tous les hommes,
le second, tous les chevaux,
et le troisième, toutes les bêtes.

N*oms substantifs propres.*

Les noms *propres* sont ceux qui appartiennent à chaque homme, à chaque femme, à chaque ville en particulier, comme *Alexandre*, *César*, *Louis XVI*, *Marie*, *Paris*.

Noms substantifs collectifs.

Les noms *collectifs* sont ceux qui renferment en un seul mot plusieurs choses, ou plusieurs personnes, comme *la forêt*, *le clergé*, *la Cour*, *le Parlement*, *la noblesse*, etc.

Les noms adjectifs sont de deux genres ; ainsi ils ont deux terminaisons, l'une pour le masculin, l'autre pour le féminin ; comme *beau*, *belle*, *grand*, *grande*, au lieu que les noms substantifs n'ont qu'une terminaison, et ne peuvent être que d'un genre, *le ciel*, *la terre*, etc.

Un nom adjectif devient substantif, quand il est précédé de *le*. Exemple, *le beau*, c'est-à-dire, *ce qui est beau* ; *le vrai*, c'est-à-dire, *ce qui est vrai*, etc.

DE L'ARTICLE.

Les articles sont de petits mots qui se mettent avec les noms substantifs pour en faire connoître le genre, le nombre et le cas. Quand on dit : *le soleil*, *la lune et les étoiles* ; *le soleil* est un nom substantif du genre masculin singulier ; *la lune* est un nom substantif du genre féminin singulier ; *les étoiles*, un nom substantif du nombre pluriel ; parce que l'article *le*, désigne le genre masculin

singulier ; l'article *la*, désigne le genre féminin singulier ; et l'article *les* désigne le pluriel, tantôt masculin, tantôt féminin. Il y a neuf articles, savoir :
le, *la*, *les*, *de*, *du*, *des*, *à*, *au*, *aux*.

Il y a des noms substantifs qui ne prennent qu'un article ; d'autres en prennent deux, d'autres trois.

Un nom substantif du genre masculin, ne prend qu'un article, tant au singulier qu'au pluriel, lorsqu'il commence par une consonne. Exemple de déclinaison.

Singulier.	Pluriel.
N. le ciel	N. les cieux
G. du ciel	G. des cieux
D. au ciel	D. aux cieux
Ac. le ciel	Ac. les cieux
Voc. ô ciel	Voc. ô cieux
Abl. du ciel *ou* par le ciel.	Abl. des cieux *ou* par les cieux.

Un nom substantif masculin qui commence par une voyelle, et un nom substantif du genre féminin ont trois cas où ils prennent deux articles, mais ce n'est qu'au singulier. Exemples :

NOM SUBSTANTIF MASCULIN.

Singulier.	Pluriel.
N. l'oncle	N. les oncles
G. de l'oncle	G. des oncles
D. à l'oncle	D. aux oncles
Ac. l'oncle	Ac. les oncles
Voc. ô oncle	Voc. ô oncles
Abl. de l'oncle *ou* par l'oncle.	Abl. des oncles *ou* par les oncles.

NOM SUBSTANTIF FÉMININ.

SINGULIER.	PLURIEL.
N. la terre	N. les terres
G. de la terre	G. des terres
D. à la terre	D. aux terres
Ac. la terre	Ac. les terres
Voc. ô terre	Voc. ô terres
Abl. de la terre *ou* par la terre.	Ab. des terres *ou* p. les terres.

EXCEPTION.

Il y a des façons de parler, où le nom substantif masculin, quoique commençant par une consonne, prend deux articles, et le féminin trois. Exemples:

N. du pain	N. de viande
G. de pain	G. de la viande
D. à du pain	D. à de la viande

L'article de l'accusatif est semblable à celui du nominatif: le génitif semblable à l'ablatif; l'article du vocatif n'est qu'une exclamation.

Il y a quatre sortes d'articles; savoir: l'article *défini*, l'article *partitif*, l'article *indéfini*, et l'article *un*, *une*.

Les articles *définis*, sont *le*, *la*, *les*, on les appelle *définis*, parce qu'ils définissent et déterminent le genre et le nombre des noms substantifs, et en désignent toute l'espèce. Par exemple, quand on dit, *j'aime le pain*, *la viande*, *les fruits*; cela signifie *j'aime tout ce qui est pain*, *viande*, *fruits*, etc.

L'article partitif, au contraire, n'exprime qu'une partie de la chose dont on parle : ces articles sont *du*, *de*, *de la*, *des* ; et quand on dit, *du pain*, *de la viande*, *des fruits* me feroient plaisir ; cela signifie, *un morceau de pain*, *de viande*, ou *quelques fruits me feroient plaisir*.

On voit par ces exemples que le nominatif de l'article *partitif*, n'est autre chose que le génitif de l'article *défini*. Exemple de déclinaison.

SINGULIER,

N.	du pain	du vin	de l'eau	de la viande
G.	de pain	de vin	d'eau	de viande
D.	à du pain	à du vin	à de l'eau	à de la viande
Ac.	*comme le Nominatif.*			
bl.	*comme le Génitif.*			

PLURIEL.

N.	des pains	des vins	des eaux	des viandes
G.	de pains	de vins	d'eaux	de viandes
D.	à des pains	à des vins	à des eaux	à des viandes

Il n'y a que deux articles indéfinis : ce sont *de* et *à*. On les appelle indéfinis, parce qu'ils ne définissent ni le genre, ni le nombre des noms ; ils se mettent indifféremment avant les noms masculins ou féminins, avant les noms propres d'hommes, de villes, de provinces, avant le nom de Dieu et des Saints, et avant les pronoms.

Exemples pour les noms substantifs :

N.	Dieu	Louis	Marie	César	Paris
G.	de Dieu	de Louis	de Marie	de César	de Paris
D.	à Dieu	à Louis	à Marie	à César	à Paris

Exemple pour les pronoms :

N.	moi	vous	lui	elle	eux	nous
G.	de moi	de vous	de lui	d'elle	d'eux	de nous
D.	à moi	à vous	à lui	à elle	à eux	à nous

Un, *une*, sont articles lorsqu'on peut mettre à leur place *le* ou *la*.

Ex. Un *honnête homme doit aimer son Prince, l'État et la Religion.*

Un est article dans cet exemple, parce qu'on peut dire : *l'honnête homme doit*, etc.

Une *femme doit tout sacrifier à son honneur et à sa vertu.*

Une est article, parce qu'on peut dire : *la femme sage, doit*, etc.

Un, *une*, sont adjectifs dans les exemples suivants :

J'ai rencontré un *ami ce matin ;*
Une *affaire importante me retient ici ;*

parce qu'on ne peut pas mettre les articles *le* ou *la* à la place de *un*, *une*, et dire : *j'ai rencontré l'ami ce matin : l'affaire importante me retient ici.*

DU PRONOM.

Un pronom est un mot qui tient ordinairement la place d'un nom substantif.

Il y en a de sept sortes ; savoir : le pronom personnel, le pronom conjonctif, le pronom possessif, le pronom démonstratif, le pronom relatif, le pronom absolu, et le pronom indéfini.

Des pronoms personnels.

Les pronoms personnels sont de petits mots qui représentent les personnes. Tels sont *je*, *moi*, *tu*, *toi*, *il*, *lui*, *elle*; *nous*, *nous-mêmes*, *vous*, *vous-mêmes*; *ils*, *eux*, *elles*, *eux-mêmes*, *elles-mêmes*.

SING. *Je* ou *moi* représentent la première personne : c'est celle qui parle.

EXEMPLE. Je *vous aime*, *aimez*-moi.

Tu ou *toi* représentent la seconde personne : c'est celle à qui on parle.

EXEMPLE. Tu *t'affliges*, *console*-toi.

Il, *lui* ou *elle*, représentent la troisième personne : c'est celle de qui on parle.

EXEMPLE. *Parlez*-lui, il *ou* elle *répondra*.

PLUR. *Nous* ou *nous mêmes* représentent la première personne au pluriel.

EXEMPLE. Nous *devons faire notre bonheur* nous-mêmes.

Vous ou *vous-mêmes* représentent la seconde personne au pluriel.

EXEMPLE. *Il faut que* vous *veniez* vous-mêmes.

Ils, *eux* ou *elles*, *eux-mêmes*, *elles-mêmes* représentent la troisième personne au pluriel.

EXEMPLE. Ils *ou* elles *vous diront ce que j'ai fait*. Eux-mêmes *ou* elles-mêmes *assurent cette vérité*.

Ces pronoms se déclinent avec les eux articles indéfinis *de* et *à*.

Les mots *soi* et *on*, représentent

aussi des personnes, et sont mis au rang des pronoms personnels.

Exemples. *Chacun doit penser à soi.*
On *plaît toujours quand* on *aime.*

Pronoms conjonctifs.

Les pronoms conjonctifs représentent tantôt les choses, tantôt les personnes ; ils se trouvent toujours entre un pronom personnel et un verbe. Exemple : *je vous* le *rendrai*, ou *je vous* la *rendrai* ; *le* et *la* sont pronoms conjonctif, et peuvent se rapporter à des choses ou à des personnes.

La plupart des pronoms personnels peuvent devenir conjonctifs, à l'exception des pronoms *je*, *tu*, *il*, parce que ces trois pronoms sont toujours au commencement de la phrase.

Exemples.

Je vous *aime beaucoup.*	Vous	est le pronom conjonctif.
Je lui *parle souvent.*	Lui	est le pronom conjonctif.
Il te *connoît à fond.*	Te	est le pronom conjonctif.
Vous me *consolez un peu.*	Me	est le pronom conjonctif.
Tu leur *diras de ma part.*	Leur	est le pronom conjonctif.
Vous y *viendrez aussi.*	Y	est le pronom conjonctif.
Nous nous *aimons beaucoup.*	Nous	est le pronom conjonctif.
Nous le *savons.*	Le	est le pronom conjonctif.
Ils les *ont reçus.*	Les	est le pronom conjonctif.
On vous l'*a dit.*	L'	est le pronom conjonctif.
Nous en *avons encore.*	En	est le pronom conjonctif.

On voit par ces différents exemples que le pronom personnel est toujours le nominatif du verbe, le pronom conjonctif est toujours le régime du verbe.

Pronoms possessifs.

Les pronoms possessifs sont de petits mots, qui désignent la personne qui possède la chose dont on parle ; par exemple, quand on dit :

Mon *habit*,	c'est comme si l'on disoit,	*l'habit de moi.*
Votre *montre*,		*la montre de vous.*
Son *épée*,		*l'épée de lui, etc.*

Ainsi les trois pronoms *mon*, *votre*, *son*, désignent les trois personnes *moi*, *vous*, *lui*.

Mon *chapeau*,	ma *montre*,	mes *gants*.
Ton *chapeau*,	ta *maison*,	tes *gens*.
Son *argent*,	sa *bourse*,	ses *parents*.
Notre *Roi*,	votre *bien*,	leur *état*.

Les pronoms, *mon*, *ma*, *mes*, *ton*, *ta*, *tes*, *sa*, *ses*, *notre*, *votre*, *leur*, s'appellent pronoms possessifs absolus, parce qu'ils sont joints à un nom substantif. Il y a d'autres pronoms qui se rapportent à un nom substantif sans y être joints : on les appelle pronoms possessifs relatifs. Ces pronoms sont *le mien*, *le tien*, *le sien*, *la mienne*, *la tienne*, *la sienne*, *le nôtre*, *le vôtre*, *le leur*, *la nôtre*, *la vôtre*, *la leur*.

EXEMPLES.

Rendez-moi le mien,	*garde* le tien,	*chacun* le sien.
Rendez-moi la mienne,	*garde* la tienne,	*chacun* la sienne.
Rendez-nous le nôtre,	*gardez* le vôtre,	*chacun* le leur.
Rendez-nous la nôtre,	*gardez* la vôtre,	*chacun* la leur.

Il n'y a dans ces différents exemples aucun nom substantif exprimé ; mais on sent bien qu'il est sous-entendu, et que tous ces pronoms possessifs se rapportent à quelque chose.

Pronoms démonstratifs.

Les pronoms démonstratifs sont de petits mots qui servent à montrer la chose dont on parle, comme quand on dit :

Ce *palais*,	cet *officier*,	cette *compagnie.*
Ce *cheval*,	cet *homme*,	cette *femme.*

Ce, *cet*, *cette*, *ces*, *ceci*, *cela*, *celui-ci*, *celui-là*, *celle-ci*, *celle-là*, *ceux-ci*, *ceux-là*, sont de pronoms démonstratifs.

EXEMPLES.

Ce *livre*,	ce *héros*,	ce *tableau.*
Cet *oiseau*,	cet *honneur*,	cet *ameublement.*
Cette *table*,	cette *armoire*,	cette *fenêtre.*
Ces *enfants*,	ces *animaux*,	ces *arbres :*

Ceci *peut convenir ;*	*mais* cela *ne convient pas.*
Celui-ci *a plû ;*	celui-là *ne plaît pas.*
Celle-ci *est aimable ;*	celle là *ne l'est pas.*
Ceux-ci *écoutent ;*	ceux là *n'écoutent pas.*

Pronoms relatifs.

Les pronoms relatifs sont de petits mots qui se rapportent à un nom substantif, et quelquefois à un pronom, ce sont *qui*, *que*, *quoi*, *dont*, *lequel*, *laquelle*, *lesquels*, *lesquelles.*

EXEMPLES.

Je connois la personne qui *vous a écrit.*
J'ai vu la lettre que *vous avez reçue.*
On sait présentement à quoi *s'en tenir.*
Voici le jeune homme dont *je vous ai parlé.*

C'est un ami pour lequel *je m'intéresse.*
L'affaire sur laquelle *on m'a consulté, est finie.*
On connoît ceux pour lesquels *vous vous intéressez.*
On connoît celles pour lesquelles *vous sollicitez.*

Exemples de quelques relatifs qui se rapportent à des pronoms.

Pour moi qui *vous connois, je vous estime.*
Celle que *vous venez de voir est aimable.*

Pronoms absolus.

Les pronoms absolus sont presque les mêmes que les pronoms relatifs : on ne les appelle absolus, que quand ils ne sont précédés d'aucun nom substantif. Ce sont *qui*, *que*, *quoi*, *quel*, *quelle*, *lequel*, *laquelle*.

Exemples.

Qui *connaissez vous ici?* c'est-à-dire, quelle personne, etc.
Que *demandez-vous?* quelle chose demandez-vous ?
A quoi *ou* de quoi *vous occupez-vous?*
Quel *homme protégez-vous?*
Quelle *affaire avez-vous?*
Lequel *aimez-vous?*
Laquelle *prenez-vous?*

On voit que le pronom absolu forme toujours une interrogation, quand il n'est pas précédé d'un verbe.

Quand il est précédé d'un verbe, il ne forme plus d'interrogation.

Exemples. *J'ignore* quelle *affaire vous amène à Paris.*

Pronoms indéfinis.

Les pronoms indéfinis sont des mots qui ne se rapportent directement à aucun nom substantif exprimé, ni sous-entendu comme les autres pronoms. Les pronoms indéfinis sont *quiconque*, *quelqu'un*, *chacun*, *autrui*, *personne*, *aucun*, *nul*, *nul autre*, *pas un*, *pas une*, *tel*, *telle*, *la plupart*, *tout le monde*, *qui que ce soit*, *quelque chose que*, *quoi que*, *tout.... que*, *tout.... homme*, *l'un l'autre*, *les uns les autres*.

EXEMPLES.

Quiconque *aime la vertu est heureux*.
Quelqu'un *vous dira peut-être autrement.*
Chacun *doit penser à soi.*
Il ne faut point faire du mal à autrui.
Personne *ne m'a-t-il point demandé aujourd'hui?*
De plusieurs amis que j'avois, il ne m'en reste aucun.
Nul autre *que vous n'eût attendu si tard.*
Pas un, pas une *ne m'a satisfait.*
Tel *ou* telle *devoit être circonspect, ou circonspecte.*
La plupart *conviennent du fait.*
Tout le monde *vous connoît pour tel.*
Qui que ce soit *qui me demande, je n'y suis pas.*
Quelque chose que *vous fassiez, je vous pardonne.*
Quoi que *vous en disiez, cela ne laisse pas d'être.*
Tout *innocent* que *vous êtes, on vous accuse.*
Tout *honnête* homme *doit aimer son honneur.*
Il faut s'aider l'un l'autre *ou* les uns les autres.

DU VERBE.

En général un verbe est un mot qui exprime toutes les actions, soit du corps, comme *marcher*, *se promener*, etc. soit du cœur, comme *aimer*, *haïr*, etc. soit de l'esprit, comme *méditer*, *réfléchir*, etc.

Sans le verbe, toutes les autres parties

du discours seroient inutiles dans une langue, et ne pourroient faire aucun sens; c'est pour cela qu'on l'appelle le mot par excellence.

On connoît qu'un mot est un verbe, lorsqu'on peut y joindre un des pronoms personnels, *je*, *tu*, *il*; ainsi les mots *aimer*, *finir*, *recevoir*, *rendre*, sont des verbes, parce qu'on peut dire :

Je finis, tu finis, il finit. J'écris, tu écris, il écrit.
J'aime, tu aimes, il aime. Je parle, tu parles, il parle.
Je reçois, tu reçois, il reçoit. Je cours, tu cours, il court.
Je rends, tu rends, il rend. Je viens, tu viens, il vient.

Il y a quatre conjugaisons des verbes.

La première comprend les verbes dont l'infinitif est terminé en *er*; ainsi *aimer*, *badiner*, *jouer*, *se promener*, *etc.* sont des verbes de la première conjugaison.

La seconde comprend les verbes dont l'infinitif est terminé en *ir*; ainsi *finir*, *mourir*, *partir*, *se réjouir*, *etc.* sont des verbes de la seconde conjugaison.

La troisième comprend les verbes dont l'infinitif est terminé en *oir*; ainsi *recevoir*, *pouvoir*, *apercevoir*, *concevoir*, *etc.* sont des verbes de la troisième conjugaison.

La quatrième comprend les verbes dont l'infinitif est terminé en *re*; ainsi *rendre*, *prendre*, *lire*, *écrire*, *se plaindre*, *etc.* sont des verbes de la quatrième conjugaison.

Pour conjuguer un verbe, il faut savoir ce que c'est que *temps* et *modes*.

Il y a trois *temps*, qu'on appelle *temps naturels*, savoir, *le présent*, *le passé et le futur*.

Le *présent* est le *temps* où se fait quelque chose; comme *j'aime*, *je finis*, *je reçois*, *je rends*.

Le *passé* est le *temps* où s'est fait quelque chose; comme *j'ai aimé*, *j'ai fini*, *j'ai reçu*, *j'ai rendu*.

Le *futur* est le *temps* où se fera quelque chose; comme *j'aimerai*, *je finirai*, *je recevrai*, *je rendrai*.

Chacun de ces trois temps en renferme plusieurs autres, comme on verra dans les quatre conjugaisons des verbes.

Il y a deux verbes qu'il faut savoir bien conjuguer avant que de passer à la conjugaison des autres; ces deux verbes sont le verbe *avoir* et le verbe *être*, qu'on appelle verbes *auxiliaires*, parce qu'ils viennent, pour ainsi dire, au secours des autres verbes, et qu'ils servent à en former les temps composés.

Les temps simples d'un verbe sont

ceux qui ne consistent que dans un seul mot ; comme,

J'aime, j'aimerai, je finis, je finirai.
Je reçois, je recevrai, je rends, je rendrai.

Les temps composés d'un verbe sont ceux qui sont composés de deux ou de plusieurs mots, comme *j'ai aimé*, *j'ai été aimé*, *j'ai reçu*, *j'ai été reçu*.

Il y a quatre modes dans un verbe ; savoir, *l'indicatif*, *l'impératif*, *le subjonctif* et *l'infinitif*.

INDICATIF.

Un verbe est au mode indicatif, quand il ne dépend d'aucun autre mot, comme quand on dit *j'aime* ou *j'aimerai l'étude*.

Ce mode a onze temps :

Voici la manière de le conjuguer, ainsi que tous les autres, tant au *masculin* qu'au *féminin*, au *singulier* qu'au *pluriel*.

PRÉSENT.

Singulier.

J'ai,	je suis,	j'aime,	je finis,	je reçois,	je rends,
tu as,	tu es,	tu aimes,	tu finis,	tu reçois,	tu rends,
il a,	il est,	il aime,	il finit,	il reçoit,	il rend,
ou	*ou*	*ou*	*ou*	*ou*	*ou*
elle a,	elle est,	elle aime,	elle finit,	elle reçoit,	elle rend.

Pluriel.

Nous avons,	nous sommes,	nous aimons,
vous avez,	vous êtes,	vous aimez,
ils *ou* elles ont,	ils *ou* elles sont,	ils *ou* elles aiment,
nous finissons,	nous recevons,	nous rendons ;
vous finissez,	vous recevez,	vous rendez ;
ils *ou* elles finissent,	ils *ou* elles reçoivent,	ils *ou* elles rendent.

IMPARFAIT.

J'avois, j'étois, j'aimois, je finissois, je recevois, je rendois.

PRÉTÉRIT.

J'eus, je fus, j'aimai, je finis, je reçus, je rendis.

PRÉTÉRIT ANTÉRIEUR.

J'eus eu, j'eus été, j'eus aimé, j'eus fini, j'eus reçu, j'eus rendu.

PRÉTÉRIT ANTÉRIEUR INDÉFINI.

Les deux verbes auxiliaires n'en ont point.

J'ai eu aimé, j'ai eu fini, j'ai eu reçu, j'ai eu rendu.

PLUSQUE-PARFAIT.

J'avois eu, j'avois été, j'avois aimé.
J'avois fini, j'avois reçu, j'avois rendu.

FUTUR.

J'aurai, je serai, j'aimerai, je finirai, je recevrai, je rendrai.

FUTUR PASSÉ.

J'aurai eu, j'aurai été, j'aurai aimé.
J'aurai fini, j'aurai reçu, j'aurai rendu.

CONDITIONNEL PRÉSENT.

J'aurois, je serois, j'aimerois, je finirois, je recevrois, je rendrois.

CONDITIONNEL PASSÉ.

J'aurai eu,	j'aurai été,	j'aurai aimé,
ou	*ou*	*ou*
j'eusse eu,	j'eusse été,	j'eusse aimé;
j'aurois fini,	j'aurois reçu,	j'aurois rendu,
ou	*ou*	*ou*
j'eusse fini,	j'eusse reçu,	j'eusse rendu.

IMPÉRATIF.

Un verbe est au mode impératif, quand on commande à quelqu'un, ou quand on exhorte quelqu'un à faire quelque chose, comme lorsqu'on dit : *aimez Dieu.*

Un verbe n'a point de première personne à l'impératif, parce qu'on ne se commande point à soi-même.

Ce mode n'a que deux temps, le *présent* et le *futur*, parce qu'on commande, soit pour qu'une chose se fasse présentement, ou dans la suite.

PRÉSENT ET FUTUR.

Singulier.

Aye,	sois,	aime;
qu'il ait,	qu'il soit,	qu'il aime;
ou	*ou*	*ou*
qu'elle ait;	qu'elle soit;	qu'elle aime;
finis,	reçois,	rends,
qu'il finisse,	qu'il reçoive,	qu'il rende;
ou	*ou*	*ou*
qu'elle finisse;	qu'elle reçoive,	qu'elle rende.

Pluriel.

Ayons;	soyons,	aimons,
ayez,	soyez,	aimez,
qu'il aient,	qu'ils soient,	qu'ils aiment;
ou	*ou*	*ou*
qu'elles aient;	qu'elles soient,	qu'elles aiment;
finissons,	recevons,	rendons,
finissez,	recevez,	rendez,
qu'ils finissent,	qu'ils reçoivent,	qu'ils rendent;
ou	*ou*	*ou*
qu'elles finissent,	qu'elles reçoivent,	qu'elles rendent.

SUBJONCTIF.

Un verbe est au mode subjonctif, quand il y a avant lui un autre verbe auquel il est joint par la conjonction, comme lorsqu'on dit: *Il faut que je parte. Je suis charmé que vous soyez ici. Je serois fâché qu'il sortît, ou qu'elle sortît.*

Ce mode n'a que quatre temps : voici la manière de le conjuguer.

PRÉSENT ET FUTUR, *semblables*.

Que j'aie, que je sois, que j'aime, que je finisse, que je reçoive, que je rende.

IMPARFAIT.

Que j'eusse, que je fusse, que j'aimasse, que je finisse, que je reçusse, que je rendisse.

PRÉTÉRIT.

Que j'aie eu, que j'aie été, que j'aie aimé, que j'aie fini, que j'aie reçu, que j'aie rendu.

PLUSQUE-PARFAIT.

Que j'eusse eu, que j'eusse été, que j'eusse aimé, qne j'eusse fini, que j'eusse reçu, que j'eusse rendu.

INFINITIF.

Un verbe est au mode infinitif, quand il est terminé en *er*, ou en *ir*, ou en *oir*, ou en *re* ; ainsi *avoir*, *être*, *aimer*, *finir*, *recevoir*, *rendre*, sont des verbes au mode infinitif. Ce mode a sept *temps*.

PRÉSENT.

Avoir, être, aimer, finir, recevoir, rendre.

PRÉTÉRIT.

Avoir eu, avoir été, avoir aimé, avoir fini, avoir reçu, avoir rendu.

PARTICIPE ACTIF PRÉSENT.

Ayant, étant, aimant, finissant, recevant, rendant.

PARTICIPE ACTIF PASSÉ.

Ayant eu, ayant été, ayant aimé, ayant fini, ayant reçu, ayant rendu.

PARTICIPE PASSIF PRÉSENT.

Eu, été, aimé, fini, reçu, rendu.
ou *ou* *ou* *ou*
étant aimé, étant fini, étant reçu, étant rendu.

PARTICIPE PASSIF PASSÉ.

Les auxiliaires n'en ont point.

Ayant été aimé, ayant été fini, ayant été reçu, ayant été rendu.

GÉRONDIF.

Ayant, étant, *en* aimant, *en* finissant, *en* recevant, *en* rendant.
ou *ou* *ou* *ou*
Aimant, finissant, recevant, rendant.

DIVISION DES VERBES.

Il n'y a proprement que deux sortes de verbes ; le verbe substantif et le verbe adjectif.

Le verbe substantif marque l'*existence*, et le verbe adjectif marque la manière *d'exister* : ainsi *être* est le seul verbe substantif, et tous les autres sont des verbes adjectifs. *Aimer* signifie *être aimant*, *étudier*, *être étudiant*, etc.

Il y a cinq sortes de verbes adjectifs ; savoir : le *verbe actif*, le *verbe neutre*, le *verbe passif*, les *verbes réfléchis* et *réciproques* et le *verbe impersonnel*.

Du Verbe actif.

Le verbe actif est celui qui a un régime, c'est-à-dire, après lequel on peut toujours mettre un de ces deux mots *quelqu'un* ou *quelque chose* : ainsi, *aimer*, *finir*, *recevoir*, *rendre*, sont des verbes actifs parce qu'on peut dire :

aimer quelqu'un, *finir quelque chose.*
recevoir quelqu'un, *rendre quelque chose.*

Du Verbe neutre.

Le verbe neutre est celui qui a un régime indirect ou qui n'a point de régime, et après lequel on ne peut jamais mettre un de ces deux mots *quelqu'un* ou *quelque chose* : ainsi *marcher*, *languir*, *croître*, sont des verbes neutres, parce qu'on ne peut pas dire : *marcher quelqu'un*, *languir quelque chose*, *croître quelqu'un*.

Il y a des verbes neutres qui se conjuguent avec les temps simples du verbe auxiliaire *avoir*, comme *dormir*, *dîner*, *souper*.

EXEMPLES.

J'ai dormi, *j'ai dîné*, *j'ai soupé*.

et ainsi de plusieurs autres.

Il y a d'autres verbes, qui se conjuguent avec les temps simples du verbe auxiliaire *être*, comme *venir*, *arriver*, *aller*.

EXEMPLES.

Je suis venu, *je suis arrivé*, *je suis tombé*.

et ainsi de plusieurs autres.

Nota. Pour accoutumer les enfans à cette différence essentielle, il faut leur faire conjuguer plusieurs verbes.

Du Verbe passif.

Le verbe passif est un verbe d'après lequel on peut mettre un de ces mots *par quelqu'un* ou *par quelque chose*. Ce verbe est ordinairement composé du verbe auxiliaire *être*, joint à un participe passif d'un verbe actif; ainsi, *être aimé*, *être affligé*, sont des verbes passifs, parce qu'on peut dire : *être aimé par quelqu'un*, *être affligé par quelque chose*.

Le verbe passif suit la conjugaison du verbe auxiliaire *être* dont il est formé; ce qui n'arrive que lorsqu'il se trouve joint au participe passif d'un verbe actif.

Du Verbe réfléchi.

Un verbe est réfléchi, lorsqu'on peut y ajouter *soi-même* après l'infinitif; ainsi, *se chagriner*, *s'amuser*, *se consoler*, sont des verbes réfléchis.

Les verbes réfléchis se conjuguent avec les pronoms conjonctifs *me*, *te*, *nous*, *vous*, *se* : il est aisé d'en donner des exemples.

Du Verbe réciproque.

Un verbe est réciproque, lorsqu'on peut y ajouter le mot *ensemble*, ou le mot *réciproquement* après l'infinitif, ainsi *se battre*, *se caresser*, *etc.* sont des verbes réciproques.

Ces verbes se conjuguent comme le

verbe réfléchi, avec les pronoms conjonctifs, *me*, *te*, *nous*, *vous*, *se*.

Du Verbe impersonnel.

Le verbe impersonnel est un verbe qui n'a que la troisième personne du singulier dans tous ces temps; comme, *il pleut*, *il grêle*, *il tonne*, *il y a*, *il faut*, *il importe*, *etc.*

On voit que ces verbes ne peuvent avoir ni *première* ni *seconde personne.*

RÉGIME DU VERBE.

On appelle régime du verbe, le nom ou le pronom qui se trouve après le verbe.

Il y a deux sortes de régimes, le régime direct, et le régime relatif.

Exemple. *Aimer l'étude*, *revenir de la campagne.*

Le régime direct est le nom ou le pronom qui se trouve immédiatement après le verbe. Dans *aimer l'étude*, *l'étude* est le régime direct du verbe *aimer*, parce qu'il n'en est point séparé.

Le régime relatif est le nom ou le pronom qui est séparé du verbe par *de* ou *à*; ainsi, dans *revenir de la campagne* ou *aller à la campagne*; *la campagne* est le régime relatif du verbe *aller* ou *revenir*, parce qu'il est séparé du verbe par *de* et *à*.

DU PARTICIPE.

Le participe est un mot formé d'un verbe : *aimant*, *finissant*, *recevant*, *fuyant*, *rendant* ; *aimé*, *fini*, *reçu*, *fui*, *rendu*, sont des participes formés des verbes *aimer*, *finir*, *recevoir*, *fuir*, *rendre*.

Il y a deux sortes de participes : le participe actif, et le participe passif.

Le participe actif est celui qui exprime une action qui se fait ; il est toujours terminé en *ant* ; ainsi, quand on dit, *aimant l'étude*, *finissant un ouvrage*, *recevant une lettre*, *rendant service*, etc. *aimant*, *finissant*, *recevant*, *rendant*, sont des participes actifs.

Le participe passif est celui qui exprime une action qui est faite. Ce participe n'est jamais terminé en *ant* : ainsi, quand on dit, *un homme aimé*, *un ouvrage fini*, *un présent reçu*, *un service rendu* ; *aimé*, *fini*, *reçu*, *rendu* sont des participes passifs.

Le participe actif ne se décline point, et l'on dit également, *un jeune homme aimant l'étude* ; *une demoiselle aimant l'étude* ; *des enfans lisant* ; *des femmes lisant.*

Le participe passif ne se décline point

non plus, lorsqu'il est suivi d'un nom substantif; comme dans ces exemples: *j'ai fini mes affaires, nous avons reçu vos lettres.* Mais il se décline lorsque le nom substantif est avant le participe, et alors il faut les faire accorder ensemble en genre et en nombre, et dire: *mes affaires sont finies; vos lettres ont été reçues; les ouvrages que j'avois commencés sont finis, etc.*

On voit par-là que le participe passif est déclinable comme les noms adjectifs.

EXEMPLES.

Je me suis réjoui, *ou elles se sont* réjouies *de votre bonheur.*

Les femmes ne sont pas soumises *aux mêmes peines dont les hommes sont* punis.

Le participe passif est indéclinable, lorsqu'il est suivi du nominatif de la phrase, comme dans ce qui suit.

EXEMPLES.

J'ai reçu toutes les lettres que m'ont écrit *mes amis.*

Avez-vous vu la lettre que vous a écrit *votre père?*

Si le nominatif étoit avant le participe, il deviendroit déclinable: il faudroit dire, *j'ai reçu les lettres que mes amis m'ont écrites. Avez-vous vu la lettre que votre père vous a écrite?*

DU GÉRONDIF.

Le gérondif est un mot qui se termine

en *ant*, comme le participe actif; et toute la différence qu'il y a entre ces deux mots, c'est qu'on peut toujours mettre *en* avant le gérondif, ce qu'on ne peut pas faire avant le participe.

EXEMPLE.

Étudiant *comme vous faites, vous deviendrez savant.*

Etudiant est un gérondif, parce qu'on peut dire, *en étudiant comme vous faites, etc.*

Il faut cependant excepter de cette règle les gérondifs *ayant* et *étant*, avant lesquels on ne peut jamais mettre *en*.

DE L'ADVERBE.

L'adverbe est un mot indéclinable qui se met auprès du verbe pour marquer la manière dont se fait l'action exprimée par le verbe, comme quand on dit: *je vous aime tendrement; servez-moi fidèlement; vivre chrétiennement. Tendrement, fidèlement, chrétiennement*, sont des adverbes; il y en a une infinité d'autres.

Il y a deux sortes d'adverbes; les adverbes simples, et les adverbes composés.

Les adverbes simples sont ceux qui s'expriment en un seul mot; comme *tendrement, fidèlement, chrétiennement.*

Les adverbes composés sont ceux qui

sont composés de plusieurs mots ; tels que sont *sans façon*, *tour-à-tour*, etc. *Agir sans façon*, *chanter tour-à-tour*, etc.

Manière de connoître les Adverbes.

Un mot est adverbe, quand il peut répondre à un de ces quatre mots : *quand ? où ? combien ? comment* ?

Ex. *Nous irons* bientôt *vous voir*, *et nous irons* en voiture.

Dans cet exemple, *bientôt* est adverbe, parce qu'on peut dire : *quand irons-nous ? bientôt. En voiture* est encore adverbe, parce qu'on peut dire, *comment irons-nous ? en voiture.*

Autre Ex. *Les uns se placeront* devant, *les autres* derrière.

Devant et derrière sont des adverbes, parce qu'on peut dire : *où nous placerons-nous ? devant, derrière.*

Autre Ex. *Nous serons* bonne compagnie, *et nous dépenserons* fort peu de chose.

Bonne compagnie est adverbe, parce qu'on peut dire : *combien serons-nous ? bonne compagnie. Fort peu de chose* est encore adverbe, parce qu'on peut dire : *combien dépenserons-nous ? fort peu de chose.*

DE LA PRÉPOSITION.

La préposition est un mot indéclinable qui a toujours un nom substantif ou un pronom pour régime.

Il y a deux sortes de prépositions ; les prépositions simples, et les prépositions composées.

Les prépositions simples sont celles qui s'expriment en un seul mot ; comme *après*, *avec*, *dans*.

Ex. Après *l'office*, *dînez* avec *moi. Entrons* dans *la maison*.

Les prépositions composées sont celles qui sont composées de plusieurs mots, comme *en présence de*, *par rapport à*, *vis-à-vis de*, *etc.*

Ex. En présence de *tout le monde*. Par rapport à *vous*. Vis-à-vis de *ma fenêtre*.

Le mot *près* est une préposition : il est indéclinable, lorsqu'il est terminé par une *s*, il signifie *sur le point de*.

Exemple. *Votre ami est* près *d'arriver* ;

c'est-à-dire, *sur le point d'arriver.*

Le mot *prêt* est adjectif et déclinable, lorsqu'il est terminé par un *t* ; il signifie *disposé à*.

Exemple. *Êtes-vous* prêt *à partir*, ou prête *à partir ?*

c'est-à-dire, *êtes-vous disposé à partir*, ou *disposée à partir ?*

On voit par-là que *près de mourir*, signifie, *sur le point de mourir* ; et *prêt à mourir*, signifie *disposé à mourir*.

Avant est préposition, quand il a un régime, comme dans *avant la fin du jour*.

Avant est adverbe, quand il n'a point de régime, comme dans *s'enfoncer trop avant.*

Devant est préposition dans *marchez devant moi*, parce qu'il y a le pronom *moi* pour régime; mais il est adverbe dans *je marcherai derrière et vous devant*, parce qu'ici il n'a point de régime.

DE LA CONJONCTION.

Une conjonction est un mot indéclinable, qui sert à lier ensemble les parties d'une phrase, tels sont, *si*, *aussi*, *quand*, *encore*, *par conséquent*, *quand bien même*, et une infinité d'autres.

EXEMPLES.

Si *vous allez à la campagne*, *j'irai* aussi.
Je n'étois pas encore *au logis* quand *vous y arrivâtes.*

Si on ôte de ces deux phrases les conjonctions *si*, *aussi*, *quand*, *encore*, il n'y aura plus aucun sens. Ainsi les conjonctions servent à lier les mots, et établissent le sens des phrases.

Les conjonctions sont simples ou composées; les simples sont *si*, *aussi*, *quand*, *encore*, etc. Les composées sont *par conséquent*, *quand bien même*, *c'est pour cela que*, *ni plus ni moins que*, et plusieurs autres.

EXEMPLES.

Vous dites que vous voulez être savant : par conséquent *vous devez étudier.*

Il faut dire la vérité ; quand bien même *elle ne vous seroit pas avantageuse.*

Vous avez fait une belle action, et c'est pour cela *qu'on vous estime.*

Je vous aime ni plus ni moins que *si vous étiez mon frère.*

Que est conjonction, lorsqu'il est au commencement ou au milieu d'une phrase, et qu'il ne peut pas se tourner par *lequel* ou *laquelle*, *lesquels* ou *lesquelles*, etc.

Ex. Que *chacun prenne garde à soi*, ou *il faut* que *chacun prenne garde à soi*, *etc.*

Que dans ces exemples ne se rapporte à aucun nom substantif ; et ne peut se tourner par *laquelle*, *lesquels* ou *lesquelles*, *etc.*

Il y a quelques prépositions qui deviennent conjonctions, lorsqu'elles se trouvent avant un verbe à l'infinitif.

EXEMPLES.

Loin *de blâmer votre conduite, je la loue.*

Il faut être honnête homme, jusqu'à *tout sacrifier à la probité.*

*On ne doit se reposer qu'*après *avoir travaillé.*

Il faut mériter pour obtenir.

On ne doit blâmer personne sans *l'entendre.*

On voit par ces différents exemples, que les mots *loin de*, *jusqu'à*, *après*, *pour*, *sans*, qui sont ordinairement prépositions, avant un nom substantif ou un pronom, deviennent ici des conjonctions ; parce qu'ils sont avant des verbes à l'infinitif.

DE L'INTERJECTION.

Une interjection est un mot indéclinable dont on se sert pour exprimer les différents mouvements de l'ame.

EXEMPLES.

Pour exprimer la joie, on dit :	Ah ! bon !
Pour applaudir :	Fort bien !
Pour la peine ou le plaisir :	Tant pis ! tant mieux !
Pour exprimer la douceur :	Hélas ! mon Dieu !
Pour exprimer l'aversion, le mépris :	Fi ! fi donc !
Pour encourager :	Allons, courage !
Pour arrêter :	Tout beau ! doucement
Pour faire cesser :	Hola ! assez !
Pour faire taire :	Paix ! paix-là !

Le ton de la voix distingue et détermine ordinairement le sens de l'interjection ; chacune doit avoir une inflexion particulière, suivant les différentes passions qui animent la personne qui parle.

INSTRUCTION

Pour les personnes qui enseignent à lire.

L'ÉCRITURE a, comme le discours, ses pauses, ses intervales; pour les distinguer, on a inventé la *Ponctuation.* On appelle ainsi la manière de placer les points et les virgules dans le discours imprimé, écrit ou prononcé. Le point marque l'intervalle le plus considérable. On fait toujours usage de la virgule pour séparer tous les membres d'une phrase qui sont unis par la construction. On a cru devoir mettre, sous les yeux des enfants, des exemples qui servent à leur faire connoître l'usage du point et de la virgule, employés séparément ou ensemble.

On admet encore dans l'écriture d'autres figures, sur lesquelles il a pour essentiel de donner quelques instructions. Ces figures sont:

L'apostrophe ('),
Le trait d'union (-),
Les deux points sur les voyelles (ë, ï, ü),
La cédille (ç),
Et la parenthèse ( ).

DE LA PONCTUATION.

La Ponctuation consiste à placer les Points et les Virgules, de manière à établir le sens et la clarté du discours écrit ou prononcé.

La Ponctuation est composée de six petits caractères, dont voici les noms et la forme.

Caractères de Ponctuation.

, La Virgule.

; Le Point avec la Virgule.

: Les deux Points.

. Le Point seul.

? Le Point d'interrogation.

! Le Point d'admiration.

Manière de placer la Virgule.

On place la Virgule à l'endroit de la phrase où l'on s'arrête pour reprendre haleine, quoique le sens ne soit pas fini. Exemple tiré de l'Oraison funèbre de M. le Vicomte de Turenne, par M Fléchier.

« Turenne meurt, tout se confond, » la fortune chancelle, la victoire se » lasse, la paix s'éloigne, l'armée en » deuil s'occupe à lui rendre les devoirs funèbres, etc.

On place encore la Virgule après les noms de Dieu et des Saints, d'arts, des sciences, de lieux, de pays, des grands hommes, etc. comme dans ces exemples.

« Nous devons à Dieu, à la sainte » Vierge, à la Religion, l'hommage le » plus sincère, etc.

« Les enfants doivent apprendre de » bonne heure l'Histoire, la Géographie, » la Musique, les langues vivantes, etc.

« Les quatre parties du monde sont » l'Europe, l'Asie, l'Afrique et l'A- » mérique.

« Alexandre, César, etc. ont acquis » moins de véritable gloire que Charle- » magne, saint Louis, etc.

Manière de placer le Point avec la Virgule.

Le Point avec la Virgule servent à séparer les différents membres d'une longue phrase, dont le sens complet dépend de différentes parties. En voici un exemple tiré du même discours de M. Fléchier sur la mort de M. de Turenne.

» N'attendez pas, Messieurs, que » j'ouvre ici une scène tragique ; que je » représente ce grand homme étendu » sur ses propres trophées ; que je dé- » couvre ce corps pâle et sanglant, au- » près duquel fume encore la foudre

„ qui la frappé ; que je fasse crier son
„ sang comme celui d'Abel , etc.

Autre exemple tiré du même discours.

« Si M. de Turenne n'avoit su que
„ combattre et vaincre ; si sa valeur et
„ sa prudence n'avoient été animées d'un
„ esprit de foi et de charité , je le met-
„ trois au rang des Fabius et des Scipion.

Manière de placer les deux Points.

Les deux Points marquent un sens plus complet que le Point et la Virgule: on les met après une phrase dont le sens est achevé , mais à laquelle on ajoute encore quelque chose pour l'éclaircir. En voici un exemple.

Madame de Sévigné raconte dans une lettre écrite à son gendre , la mort de M. de Turenne.

« C'est à vous que je m'adresse , mon
„ cher Comte , pour vous écrire une des
„ plus grandes pertes qui pût arriver en
„ France : c'est la mort de M. de Turenne.

Autre exemple tiré du même discours , par M. Fléchier.

« Dieu immole à sa souveraine gran-
„ deur de grandes victimes : il frappe ,
„ quand il lui plaît , les têtes illustres
„ qu'il a couronnées.

Manière de placer le Point seul.

Le Point seul se met à la fin des phrases dont le sens est complet et indépendant de toute autre phrase : en voici un exemple. C'est encore Madame de Sévigné qui écrit à son gendre la mort de M. de Turenne.

« Je suis assurée que vous serez aussi » touché et aussi désolé que nous le » sommes ici. Cette nouvelle arriva » lundi à Versailles. Le Roi en a été » affligé comme on doit l'être de la perte » du plus grand Capitaine, et du plus » honnête homme du monde. Jamais un » homme n'a été regretté si sincérement. » Tout Paris étoit dans le trouble et » dans l'émotion. Chacun parloit et » s'attroupoit pour regretter ce Héros.

Manière de placer le Point d'interrogation.

Le Point d'interrogation se met à la fin d'une phrase qui exprime une interrogation. En voici un exemple tiré de l'Ode à la Fortune, par M. Rousseau.

» Fortune dont la main couronne
» Les forfaits les plus inouis,
» Du faux éclat qui t'environne,
» Serons-nous toujours éblouis ?
» Jusques à quand, trompeuse idole,
» D'un culte honteux et frivole

» Honorerons-nous tes autels ?
» Verra-t-on toujours tes caprices
» Consacrés par des sacrifices,
» Et par l'hommage des mortels ?

Manière de placer le Point d'admiration.

Le Point d'admiration se met à la fin d'une phrase qui exprime une exclamation. En voici un exemple tiré d'une des Odes sacrées de M. Rousseau.

» O que tes œuvres sont belles !
» Grand Dieu ! quels sont tes bienfaits !
» Que ceux qui te sont fidèles,
» Sous ton joug trouvent d'attraits, etc.

Des Figures employées dans l'impression ou dans l'écriture.

L'ORTHOGRAPHE a admis dans notre langue des caractères particuliers consacrés à différents usages.

' L'apostrophe marque la suppression d'une voyelle. Elle se place ordinairement au-dessus de la lettre supprimée. On écrit l'*amour*, au-lieu de *le amour*; *l'amitié*, au-lieu de *la amitié*.

.. On met sur l'*e*, *l'i*, *l'u*, deux points: on appelle ces voyelles *ë tréma*, *ï tréma*, *ü tréma*. On emploie ces deux points pour marquer que la voyelle sur laquelle ils sont placés forme une syllabe distincte, et que le son qu'elle doit produire ne doit pas être confondu avec celui d'une voyelle dont elle seroit précédée ; ces deux points sont aussi destinés à ôter toute équivoque. On prononce *Sa-ül* : s'il n'y avoit pas de point sur l'*u*, on prononceroit *Saul*, On dit *ai-gu-ë*, *am-bi-gu-ë*, et si l'*e* n'étoit pas marqué de deux points, on prononceroit les deux dernières syllabes de ces mots, comme les dernières syllabes de ces mots *langue*, *fatigue*.

ç La cédille est une espèce de petit *c* retourné ; elle se place ordinairement sous le *c*. Elle sert à marquer qu'il faut adoucir le son de cette lettre devant *a*, *o*, *u*. Le *ç* marqué d'une cédille produit à-peu-près le son de l'*s* suivie d'un *a*, d'un *o*, et d'un *u*. On écrit *leçon*, *il commença*, *il prononça*, *il a conçu*, on prononce, *lesson*, *il commensa*, *il prononsa*, *il a consu*.

( ) On appelle parenthèse deux crochets placés en regard, entre lesquels on renferme un petit nombre de paroles qui interrompent le sens du discours, et qui sont cependant nécessaires à l'intelligence de la phrase, comme on peut voir dans l'exemple suivant.

Le vainqueur de Renaud (si quelqu'un le peut être) *sera digne de moi.*

\- Le trait d'union sert à unir deux mots, qu'il faut prononcer comme s'ils n'en formoient qu'un. Exemples:

Croit-il être instruit? Veut-il étudier? Dût-il périr? Aime-t-il l'étude?

— Le trait de séparation sert à remplacer les *dit-il*, *dit-elle*, qui dans les dialogues rendent le discours traînant et insipide.

.... Depuis quelque temps on coupe, en France, les phrases par une suite de points placés horisontalement les uns après les autres. Cet usage a pour objet de montrer à tout le monde qu'il faut faire une pause aux phrases ainsi séparées.

„ On emploie encore dans l'imprimerie de petits caractères appelés Guillemets: c'est une double virgule que l'on place au commencement de toutes les phrases et de toutes les lignes d'une citation. On trouvera dans les morceaux suivants, des exemples de la différente ponctuation et de tous les caractères qui servent à marquer les nuances d'un discours.

L'ENFANT BIEN CORRIGÉ.

Le pauvre Nicolas, tout courbé sous le poids
D'un énorme fagôt, s'en revenoit du bois
Un soir beaucoup plus tard qu'il n'avoit de coutume.
En marchant, il disoit, d'un ton plein d'amertume :
« La bonne Marguérite est bien triste à présent ;
» Elle s'inquiète, elle pleure :
» Chaque moment
» Lui paroît long, long comme une heure.
» Antoine est triste aussi. C'est un si bon enfant :
» C'est tout le portrait de sa mère.
» Si les Dieux nous aident, j'espère
» Qu'il sera tendre et bienfaisant.
» Cet espoir est bien doux. Mais voici que j'approche ;
» Ils seront consolés quand ils me reverront.
» Comme ils seront joyeux ! comme ils m'embrasseront !
» S'ils me faisoient quelque reproche,
» Je leur dirai pourquoi j'ai tardé si long-temps ;
» Au lieu de m'en vouloir, ils seront bien contents.
Tout en raisonnant de la sorte
Nicolas arrive à sa porte.
Il entre, il voit sa femme assise auprès du lit ;
Sur la traverse de sa chaise,
Sa tête est renversée ; elle pleure et gémit :
Son fils est à genoux ; il tient, il presse, il baise
Sa main qu'elle paroît vouloir lui retirer.
» Cessez, dit Nicolas, cessez de soupirer :
» Me voilà bien portant... Est-ce ainsi qu'on m'embrasse ?
» Vous ne me dites rien ? Mon fils, tu ne viens pas
» Te jeter dans mes bras ?
» Une caresse me délasse :
» Tu le sais bien ; viens donc ! Ils veulent me punir.
» Ne boudez plus : tenez, mettez-vous à ma place,
» Voyez si je devois plutôt m'en revenir.
» J'avois fait mon fagôt ; je sortois du boccage,
» Il n'étoit pas encor absolument bien tard,
» Quand j'y vois arriver un malheureux vieillard.
» Il est, je crois, de ce village

« Que par notre fenêtre on aperçoit là bas.
» Il se traînoit à peine. A voir votre démarche,
» Lui dis-je, Patriarche,
» Vous semblez déjà las.
» Il me répond par un hélas!
» Qui me fait grand pitié. Vite, je prends ma hache,
» Je lui coupe un fagôt; je ne le fais pas gros,
» Il ne l'eût pas porté: de deux harts je l'attache,
» Et le mets sur son dos.
» Il me remercie et me quitte.
» Je veux doubler le pas pour arriver plus vîte,
» La neige tient à mes sabots,
» Et m'empêche... Mais quoi! ma chère Marguerite,
» Encore des soupirs, encore des sanglots!
» Tu ne pardonnes point? tu ne m'aimes donc guère?
» Je ne l'aurois pas cru. » Marguerite, à ces mots,
Le prenant par la main, lui dit: « Malheureux père,
Pourrois-tu désirer d'être aimé de la mère
Du fils le plus méchant?
--- Antoine, méchant! lui! Non, non, son caractère
Est bon; je le connois; il est encore enfant,
Il aime à folâtrer, c'est le droit de son âge;
Mais laisse faire, en grandissant
Il sera bon et sage.
--- Dis plutôt cruel. --- Non, je le promets pour lui.
Antoine, tu devrois le promettre toi-même,
Et tâcher d'apaiser une mère qui t'aime.
Mais approche, dis-moi: qu'as-tu fait aujourd'hui
Pour la fâcher? réponds, puisque je le demande....
Vous vous cachez, mon fils, la faute est donc bien grande.
--- Très-grande, cher époux; mais il en est honteux,
C'est bon signe. --- Dis-moi ce que c'est. --- Tu le veux;
Tu seras fâché de l'entendre,
Mais enfin tu le veux, tu le sauras. Ce soir,
Comme il m'ennuyoit de t'attendre,
J'ouvrois de temps en temps la porte, et j'allois voir
Si tu venois; une fauvette
Entre avec moi dans la maison,
Puis se blottit sur la couchette.
Elle grelottoit. La saison
Est pour cela bien assez dure.
Je la rechauffois dans mon sein,
De mon haleine et sous ma main,

Lorsque je vois entrer la fille de couture,
La petite Babet. La pauvre créature,
En tombant sur des échalas,
Dans sa vigne, ici près, s'est déchiré le bras.
Elle pleuroit, et sa blessure
Saignoit beaucoup. Ce n'est pas moi
Qu'elle demandoit; c'étoit toi.
Voyant que tu tardois, et qu'elle étoit pressée,
Comme j'ai pu, je l'ai pansée.
Pour la panser, j'ai pris
Le beaume du pot gris:
Est-ce bien celui-là? Me serois-je trompée?
--- C'est bon. Après? --- Tandis que j'étois occupée
A tout cela, ton fils, à qui j'avois donné
La fauvette à tenir, dans un coin s'est tourné,
Et puis.... --- Achève donc. --- Et puis il l'a plumée.
--- Quoi plumée? --- Oui, par tout le corps,
Hors les aîles pourtant. La porte étoit fermée,
Il a bien su l'ouvrir pour la mettre dehors;
Elle a volé, la malheureuse;
Elle voloit en gémissant.
J'entendois sa voix douloureuse
Qui me saignoit le cœur.... Nous aurons un méchant.
Juge ce qu'il fera; s'il devient jamais grand.
Voilà, mon bon ami, ce qui me désespère.
Aurois-tu fait cela quand tu n'étois qu'enfant?
Moi qui disois à tout instant:
Mon cher Antoine aura la bonté de son père.
Aussi je l'aimois trop. Que Dieu m'en punit bien!
--- Vas, vas, console-toi, ma chère,
Sèche tes pleurs, et ne crains rien.
Il est là-haut une justice
Aux bons parents toujours propice.
S'il doit être un méchant, les Dieux nous l'ôteront.
Non, jamais ils ne permettront...
Approche-toi, mon fils, viens, viens que je t'embrasse,
Que je t'embrasse, hélas! pour la dernière fois.
Tu fais bien de pleurer: je pleure aussi, tu vois.
Mets ta main sur mon cœur; tiens, c'étoit là ta place;
Car je t'aimois, Antoine, et c'étoit mon bonheur.
Je ne t'aimerai plus.... Oh! si fait, j'ai beau dire,
Je t'aimerai toujours: ce sera ma douleur.
Ciel! j'aimerois donc un.... J'ai peur de te maudire.

Il faut les ramasser les plumes de l'oiseau ;
Et les pendre à ce soliveau.
Ramasse-les, ma femme.
Quand nous l'aimerons trop, nous les regarderons ;
En les regardant, nous dirons :
Il ne faut point aimer une aussi méchante ame.
Ce pauvre oiseau, mon fils, (reste sur mes genoux,)
Ce pauvre oiseau, crois-tu que la seule froidure
L'ait amené chez nous ?
Non, c'est l'Auteur de la nature,
Qui le mettoit entre nos mains.
C'étoit nous ordonner de lui sauver la vie ;
Il prend soin des oiseaux tout comme des humains.
Et vous l'avez plumé? S'il me prenoit envie
De vous envoyer nud passer la nuit au froid,
Vous m'en avez donné le droit,
Vous n'auriez point à vous en plaindre.
Mais je serois méchant, je vous ressemblerois,
Et plus que vous j'en souffrirois.
Ne tremble point, mon fils, vas, tu n'as rien à craindre,
Car je sens que je t'aime, et t'aimerai toujours.
J'espérois que dans la vieillesse
De ta mère et de moi tu serois le secours,
Et tu vas abréger nos jours
Par les chagrins et la tristesse.
--- Ah maman ! ah papa ! baisez-moi de bon cœur,
Non, vous ne mourrez pas de chagrin, de douleur :
Tout le bien que je pourrai faire,
Je vous promets, je le ferai.
Je serai bon enfant, je vous ressemblerai. »
Aisément un père, une mère
Se laissent attendrir. Antoine eut son pardon :
Il tint sa promesse, il fut bon.
Il fut si vertueux, si sage,
Qu'on le montroit dans le canton,
A tous les enfants de son âge.
Un jour qu'il regardoit tristement au plancher,
Sa mère, qui le vit, alla prendre une échelle.
« Monte, mon fils, monte, dit-elle,
» Et vas promptement détacher
» Les plumes de l'oiseau : c'est-là ce qui t'afflige ;
» Jette-les au feu, ne crains rien ;

» *Ton père le veut bien.*
» *Tu le veux, n'est-ce pas? — Oui. — Jette-les, te dis-je,*
» *Et qu'il n'en reste aucun vestige.*
» *— Non, maman, je les garderai;*
» *A mes enfants, si Dieu m'en donne,*
» *En pleurant je les montrerai.*
» *En même temps, je leur dirai :*
» *Un jour je fus méchant, et maman fut trop bonne.* »

Par Le Monnier.

JUPITER ET MINOS, *

Fable.

» *Mon fils (disoit un jour Jupiter à Minos)*
» *Toi qui juges la race humaine,*
» *Explique-moi pourquoi l'enfer suffit à peine*
» *Aux nombreux criminels que t'envoie Atropos...:*
» *Quel est de la vertu le fatal adversaire,*
» *Qui corrompt à ce point la foible humanité?*
» *C'est je crois l'intérêt. — L'intérêt? non, mon père:*
» *— Et qu'est-ce donc? — L'oisiveté.*

Par Florian.

---

* Jupiter chez les païens étoit le plus grand des Dieux. Minos étoit juge dans les Enfers.

INSTRUCTION

Sur la manière de faire lire ou réciter les Fables aux Enfants.

C'EST un talent que de savoir bien lire les vers. Peu de gens le possèdent ; ceux même qui versifient le mieux, souvent ne le connoissent pas. Rien ne défigure tant un morceau de poésie, quel qu'il soit, que de le réciter en appuyant lourdement sur chaque syllabe, en coupant régulièrement en deux les vers alexandrins, et en s'appesantissant sur les rimes : mais cette manière déplaît sur tout à l'oreille d'un homme de goût, quand il s'agit de Fables. Ce dernier genre est d'une si grande naïveté en soi, la mesure des vers y est tellement arbitraire, le ton en est si uni, si simple, si peu emphatique, qu'il ne semble pas exiger plus de déclamation qu'une lettre, un dialogue ou tout autre ouvrage de cette espèce en prose. Toutefois les Fables, et principalement celles du célèbre La Fontaine, renferment souvent des tours, des figures, des finesses de sens, et des allusions fréquentes qu'il est impossible qu'un enfant saisisse d'abord, quoique né avec des dispositions heureuses. Il ne seroit donc pas raisonnable d'exiger de lui qu'il les récitât avec tous les tons convenables.

C'est assez pour les enfants d'un âge tendre et qui n'ont encore que de la mémoire, qu'ils sachent s'arrêter aux endroits où finit le sens, et qu'ils s'habituent à bien prononcer et à faire en sorte que leur voix ne soit ni glapissante ni rauque. On ne doit pas leur laisser prendre à leur fantaisie un prétendu ton familier, qui estropie presque toujours le sens de l'Auteur; et qui n'est rien moins que familier pour prétendre à trop l'être. C'est assez, encore une fois, qu'ils sachent articuler les mots et distinguer le sens de chaque phrase, suivant les repos qui y sont menagés, et non pas seulement suivant la mesure des vers et la chûte des rimes; alors on doit être content d'eux: c'est tout ce qu'on peut raisonnablement leur demander.

Une chose plus commune dans les Fables, que dans toute autre espèce de poëme, excepté dans les drames, c'est que les dernières syllabes d'un vers, indépendantes des premières pour la continuité exacte du sens, sont liées avec une partie du vers suivant, ou avec le vers entier et même avec quelques autres encore: auquel cas on doit prononcer de suite cette moitié de vers et tout ce qui compose le corps de la phrase, sans faire seulement attention à la rime. C'est ce qui rend difficile la lecture de ce genre de poésie, où l'on se donne plus de liberté que dans les genres élevés, et où cette liberté même est la source d'un grand nombre de beautés: voilà ce qu'il faut s'étudier à bien apprendre aux enfants.

Que l'un deux ait à réciter la Fable intitulée *le Chat, la Belette et le petit Lapin*; il faut l'arrêter à tous les repos, dès qu'on veut qu'il la récite, sinon avec toutes les graces imaginables, du moins avec quelque bon sens:

Du palais d'un jeune lapin
Dame belette un beau matin
S'empara.

Il y a ici un point que l'enfant doit marquer,

malgré la mesure du vers qui se trouve rompue par ce repos, dont l'énergie est admirable.

> C'est une rusée.

Cette petite réflexion doit être détachée par le récit.

> Le maître étant absent, ce lui fut chose aisée.

Autre repos. Tout le commencement de cette fable demande à être coupé par celui qui récite, à mesure qu'il se rencontre des points qui terminent le sens. Mais lorsqu'une fois l'auteur fait parler la belette, comme son dessein a été de peindre le caquet de ce petit animal femelle, et que tout ce qui lui fait dire est extrêmement serré, et presque sans aucun intervalle sensible, l'enfant ne doit pas s'arrêter, par la raison pour lui, qu'il n'y a pas de points dans ce petit discours : c'étoit un beau sujet de guerre, qu'un logis où le lapin n'entroit qu'en rempant!

> Et quand ce seroit un royaume,
> Je voudrois bien savoir, dit-elle, quelle loi
> En a pour toujours fait l'octroi
> A Jean, fils ou neveu de Pierre ou de Guillaume,
> Plutôt qu'à Paul, plutôt qu'à moi.

On sent que tout cela doit être dit de suite; et assurément en n'exigeant que cette attention d'un enfant, on aura lieu d'être fort satisfait de lui, s'il partage ainsi le sens de chaque endroit d'une des plus jolies Fables du monde, et de toutes celles qu'on pourra lui faire apprendre par cœur pour exercer sa mémoire. Les tons viendront après. Il ne lui faut parler ni de pieds, ni d'hémistiches, ni de rimes. On ne doit sentir que fort légèrement ces choses, en écoutant réciter des Fables.

Tantôt c'est le singe de la foire, qui tâche d'attirer des spectateurs :

. . . . , . . Venez, de grace,
Venez, messieurs,
Je fais cent tours de passe-passe.
Cette diversité dont on vous parle tant,
Mon voisin Léopard l'a sur soi seulement.
Moi, je l'ai dans l'esprit :
Votre serviteur Gille,
Cousin et gendre de Bertrand,
Singe du pape en son vivant,
Tout fraîchement dans cette ville
Arrive en trois bâteaux exprès pour vous parler ;
Car il parle ;
On l'entend :
Il sait danser, baller ;
Faire des tours de toute sorte ;
Passer en des cerceaux ;
Et le tout pour six blancs :
Non, messieurs, pour un sou.
Si vous n'êtes contents,
Nous rendrons à chacun son argent à la porte.

Tantôt c'est le savetier interrogé par un homme de finance :

. . . . Or çà, sire Grégoire,
Que gagnez-vous par an ?
Par an ? ma foi, monsieur,
(Dit avec un ton rieur
Le gaillard savetier,)
Ce n'est pas ma manière
De compter de la sorte ;
Et je n'entasse guère
Un jour sur l'autre :
Il suffit qu'à la fin
J'attrape le bout de l'année.
Chaque jour amène son pain.
Eh bien ! que gagnez-vous, dites-moi, par journée ;
Tantôt plus, tantôt moins :
Le mal est que toujours

(Et sans cela nos gains seroient assez honnêtes),
Le mal est que dans l'an s'entremêlent des jours
Qu'il faut chômer ;
On nous ruine en fêtes.
L'une fait tort à l'autre :
Et monsieur le curé
De quelque nouveau saint charge toujours son prône.

Ici c'est le roseau plaint d'une manière un peu insultante par le chêne :

La nature envers vous me semble bien injuste ?
Votre compassion, lui répondit l'arbuste,
Part d'un bon naturel ;
Mais quittez ce souci.
Les vents me sont moins qu'à vous redoutables.
Je plie et ne rompt pas.
Vous avez jusqu'ici
Contre leurs coups épouvantables
Résisté sans courber le dos :
Mais attendons la fin ;
Comme il disoit ces mots,
Du bout de l'horizon accourt avec furie
Le plus terrible des enfants
Que le nord eût porté jusque-là dans ses flancs.
L'arbre tient bon ;
Le roseau plie :
Le vent redouble ses efforts,
Et fait si bien, qu'il déracine
Celui de qui la tête au ciel étoit voisine,
Et dont les pieds touchoient à l'empire des morts.

Ailleurs, c'est la grenouille qui pour égaler le bœuf en grosseur :

Envieuse s'étend,
Et s'enfle,
Et se travaille,
Disant :
Regardez bien, ma sœur ;
Est-ce assez, dites-moi ?
N'y suis-je point encore ?

Nenni.

M'y voici donc ?

Point du tout.

M'y voilà ?

Vous n'en approchez pas.

La chétive pécore

S'enfla si bien qu'elle creva.

Il est incontestable que de tels morceaux lus ou récités simplement comme ils sont imprimés ici, indépendamment des tons qui conviennent au discours; auront toujours assez de grace dans la bouche d'un enfant, et feront voir en lui, sinon beaucoup de goût, du moins assez de bon sens et d'intelligence. Et que veut-on de plus à son âge ? Attendons que l'esprit et la raison soient formés en lui, et alors nous lui permettrons d'essayer de faire sentir aux autres les beautés qu'il sentira lui-même. Alors le sens lui rendra raison des points; au lieu que quand il étoit encore enfant, les points lui rendoient raison du sens : il séparera de même qu'autrefois les phrases les unes des autres; mais avec cette différence qu'il entrera dans l'esprit de l'auteur, en les distinguant par des repos. Il dira comme il faisoit jadis :

Du palais d'un jeune lapin
Dame belette un beau matin
S'empara.

Mais ce ne sera plus uniquement parce qu'il y a un point après ce mot *s'empara*, qu'il s'y arrêtera; ce sera plutôt parce que ce mot peint l'action de la belette, et qu'il est rejeté à l'autre vers pour attirer sur soi toute l'attention de celui qui lit ou qui écoute.

A cette manière intelligente de couper les

vers sans aucun égard à la mesure, et seulement suivant que le sens l'exige, il joindra les tons qui sont comme les couleurs dans un tableau.

Mais ceci est un nouveau travail qui demande une attention extrême, un esprit fin, un goût sûr, et pour lequel il faut des détails dont cet Ouvrage n'est pas susceptible.

INTRODUCTION
A L'ÉTUDE
DE L'HISTOIRE ET DE LA GÉOGRAPHIE ;
OU
EXPLICATION DES TERMES
PROPRES A CES DEUX SCIENCES.

TERMES PROPRES A L'HISTOIRE.

L'HISTOIRE embrasse la connoissance des événemens et des faits qui se sont passés dans l'univers, depuis le moment de sa création. Cette connoissance nous a été transmise par tradition ou par écrit.

Première division de l'Histoire en général.

La tradition, autrement dite l'histoire orale ou de bouche, est le recueil des récits faits par les premiers hommes à leurs enfants de tout ce qui étoit arrivé digne de remarque pendant le cours de leur vie.

L'histoire écrite comprend tous les faits dont la mémoire s'est conservée par l'écriture ou par quelqu'autre signe expressif et permanent.

L'histoire en général a pour objets :

1°. Les faits considérés en eux-mêmes, indépendamment de toute autre attention.

2°. Les différents degrés de certitude qui forment plus ou moins de probabilité.

3°. L'ordre des temps ou la chronologie qui les lie, en observant entr'eux la distance précise qui les sépare.

4°. La description des lieux ou la géographie, qui assigne aux événements leur véritable place dans l'univers.

Premier objet de l'Histoire.

Les faits considérés en eux-mêmes émanent de Dieu, de l'homme ou de la nature. Emanés de Dieu, ils appartiennent à l'histoire sacrée. Œuvres des hommes, ils appartiennent à l'histoire profane. Effets de la nature, ils appartiennent à l'histoire naturelle.

L'histoire sacrée a pour objet le rapport immédiat et direct de l'Etre-Suprême avec les créatures.

Cette histoire se divise en histoire ecclésiastique proprement dite, et en histoire des prophéties.

L'histoire ecclésiastique proprement dite est celle des faits dont l'événement a précédé le récit.

L'histoire des prophéties est celle dont le récit a précédé et annoncé l'événement.

L'homme, considéré dans ces rapports avec Dieu, présente le tableau de sa soumission ou de ses infidélités aux lois de son créateur; ce qui forme l'histoire ou le recueil de tous les préceptes divins ou naturels : ou, il retrace l'histoire de l'exactitude ou de l'oubli de l'hommage dû à la divinité, et celle des changements légitimes ou criminels introduits dans le culte : ce qui forme l'histoire de la Religion.

Dieu en divers temps a donné trois lois différentes. Ces lois sont, la loi de nature non écrite, donnée à tous les hommes; la loi de nature écrite, donnée aux Juifs, nation par lui choisie à l'exclusion des autres peuples; et la loi de grace également donnée au Fidèle et à l'Idolâtre, aux Juifs et aux Gentils.

La loi de nature non écrite commença à la création, et dura jusqu'au vingt-sixième siècle. La loi de nature écrite fut dictée par Dieu même à Moïse, pour remplacer la loi de nature non écrite, que la plupart des hommes avoient défigurée. La loi de grace vint suppléer à l'insuffisance de la loi de nature écrite. C'est à la naissance de Jésus-Christ, au quarantième siècle, que le genre humain est redevable de ce bienfait.

De ces trois lois nâquirent trois religions, la naturelle, la juive et la chrétienne. La religion naturelle, défigurée, produisit le paganisme, et Mahomet forma la sienne du mêlange absurde des trois religions.

L'histoire profane embrasse toutes les actions générales ou particulières des différentes sociétés humaines, leurs établissements, leurs alliances entr'elles, leurs guerres, leurs vices, leurs vertus, leurs découvertes, leurs observations, et par conséquent tous les différents progrès du génie et des arts.

L'histoire naturelle est celle de tous les effets de la nature considérée dans toutes ses parties, depuis les astres jusqu'aux animaux et aux végétaux.

L'histoire universelle est celle qui réunit les événements sacrés, profanes et naturels.

Second objet de l'Histoire. Les Preuves de sa certitude.

La certitude que produit l'Histoire orale ou de bouche, dérive de la persuasion où l'on a été dans chaque âge que les faits dont elle nous a conservé le souvenir, avaient passé de générations en générations sans aucune altération; la tradition qui en a perpétué la mémoire ayant été générale, constante, et remontant jusqu'au temps des événements mêmes.

C'est par l'existence des monuments, par les actes, les titres, les pièces écrites du temps des événements, par les ouvrages des différents historiens qui ont été témoins des faits qu'ils racontent, ou qui ont travaillé sur les mémoires de ceux qui les avoient vus, que l'histoire écrite établit la certitude des faits qu'elle nous a transmis.

Troisième objet de l'Histoire. La Chronologie.

La Chronologie forme la chaîne générale des événements que l'histoire reproduit, pour ainsi dire, dans l'ordre des temps où ils sont arrivés.

L'histoire, conduite par la Chronologie, est la science des temps, des dates et des époques.

Le temps se partage en jours, en semaines, en mois, en années, et en siècles.

L'on appelle jour une révolution de vingt-quatre heures : une semaine en comprend sept. Une année est composée de trois cent soixante cinq jours, ou de douze mois. Cent années forment un siècle.

Les Grecs partageoient leurs temps historiques par Olympiades. C'étoient des espaces de quatre ans, qui se comptoient d'une célébration des jeux olympiques à l'autre.

C'est à l'établissement du cens terminé par une purification qu'on nommoit *lustrum*, qu'on fait remonter chez les Romains l'usage de compter par lustres. Ce dénombrement se faisoit tous les cinq ans. Un lustre est une période de cinq années.

Le temps divisé en siècles, en années, en

mois, en semaines et en jours, est la continuité de la durée des êtres.

Les dates sous lesquelles les événements sont rangés, sont les différents points de cette durée.

Les époques sont prises des dates de quelques événements plus remarquables que les autres, déterminées par les chronologistes.

Il y a trois systèmes de Chronologie, qui étendent et resserrent l'espace de temps qui s'est passé entre la création et l'année où nous vivons. Ces trois systêmes ont pris leurs noms de différents textes de l'Ecriture sainte qu'ils suivent, qui sont le texte Hébreu, le texte Samaritain, et le texte des Septante.

La Chronologie des Septante assigne au monde une durée de 7458 ans: le texte Samaritain compte 6531 ans. La Chronologie du texte Hébreu que nous suivons, borne cette durée à 5828 ans.

Les temps plus ou moins éloignés donnent à l'histoire le caractère d'ancienne ou de moderne.

Seconde division de l'Histoire en général. Durée du temps qu'elle embrasse.

L'histoire ancienne est celle des événements qui ont précédé la naissance de J. C.

L'histoire moderne est celle qui rapporte ce qui est arrivé depuis J. C. jusqu'à ce jour.

On compte quarante siècles ou quatre mille ans, depuis la création jusqu'à la naissance du Messie, et plus de dix-huit siècles depuis ce événement jusqu'à nous : ce qui forme en tout plus de cinquante-huit siècles.

Troisième division de l'Histoire par ses différents âges.

L'histoire ancienne et moderne se divise ordinairement en âges et en époques. Ces âges et ces époques sont marqués par des événements fameux.

On compte sept âges du monde.

Le premier âge a commencé à la création et finit au déluge, au dix-septième siècle.

Le second âge dure depuis le déluge universel jusqu'à la vocation d'Abraham, au vingt-unième siècle l'an 2083, pendant une suite d'un peu plus de quatre siècles ou de quatre cents vingt-sept ans.

Le troisième âge commençant à Abraham finit à Moïse, au vingt-sixième siècle, ou l'an 2513; sa durée est d'un peu plus de quatre siècles, ou de quatre cents trente ans.

Le quatrième âge a commencé à la sortie des Israëlites de l'Egypte, et a fini au règne de Salomon, au trentième siècle ou l'an 3000, après une durée de près de cinq siècles ou de quatre cents quatre-vingt-sept ans.

Le cinquième âge comprenant une durée de plus de quatre siècles et demi, ou de quatre cent soixante-huit ans, commence à la consécration du premier temple bâti en l'honneur du vrai Dieu, par Salomon, et finit au rétablissement des Juifs au trente-cinquième siècle, l'an 3468.

Le sixième âge finissant à la naissance de Jésus-Christ, au quarantième siècle, ou l'an 4000, a duré depuis la fin de la captivité des Juifs pendant un espace de plus de cinq siècles, ou de cinq cent trente-deux années.

Le septième âge a commencé à la naissance du Messie, et dure encore.

Quatrième division de l'Histoire en dix-neuf époques.

C'est l'histoire sacrée qui fournit les événements dont les sept âges portent le nom ; il n'en est pas de même des époques prises indistinctement dans l'histoire sacrée et dans l'histoire profane. Ces époques, au nombre de dix-neuf, sont :

Première époque : la création de l'univers. Cette époque dure seize siècles et demi ; elle finit au déluge, au dix septième siècle.

Seconde époque : le déluge arrivé l'an 1656, au dix-septième siècle. Cette époque dure 427 ans, finit à la vocation d'Abraham.

Troisième époque : la vocation d'Abraham au vingt-unième siècle, l'an 2083. Cette époque là dure 430 ans, elle finit à Moïse ou au temps de la loi écrite.

Quatrième époque : Moïse ou la loi écrite : au vingt-sixième siècle, l'an 2513. Cette époque finit à la prise de Troie ; elle dure 307.

Cinquième époque : la ruine de Troie au vingt-neuvième siècle, 2820. Cette époque finit à la construction du Temple, et dure 180 ans.

Sixième époque : le temple de Jérusalem, bâti au trentième siècle, l'an 3000. Cette époque finit à la fondation de Rome ; elle dnre 250 ans.

Septième époque : Rome fondée par Romulus, au trente-troisième siècle, l'an 3250. Cette époque finit à Cyrus, ou au rétablissement des Juifs ; elle dure 218 ans.

Huitième époque : Cyrus ou le rétablissement des Juifs, au trente-cinquième siècle, l'an 3468. Cette époque dure 180 ans ; elle finit à la naissance d'Alexandre.

Neuvième époque : la naissance d'Alexandre-le-Grand, au trente-septième siècle, ou l'an 3648. Cette époque finit à la destruction de Carthage; elle dure 210 ans.

Dixième époque : la destruction de la ville de Carthage par Scipion-Emilien, au trente-neuvième siècle, 3858. Cette époque dure 142 ans; elle finit à la naissance de Jesus-Christ.

Onzième époque : la naissance du Messie : au quarantième siècle, l'an 4000. Cette époque dure 316 ans; elle finit à Constantin.

Douzième époque : Constantin, ou la paix rendue à l'Eglise par cet Empereur, au quarante-quatrième, siècle, ou l'an 312 de l'Ere vulgaire. Cette époque finit à la fondation de la monarchie françoise; elle dure 169 ans.

Treizième époque : fondation de la monarchie françoise par Clovis, au quarante-cinquième siècle, l'an de l'Ere vulgaire 481. Cette époque finit à Charlemagne; elle dure 319 ans.

Quatorzième époque : Charlemagne, ou fondation du nouvel Empire d'Occident, au quarante-huitième siècle, l'an de l'Ere vulgaire 800. Cette époque dure 187 ans; elle finit à Hugues-Capet.

Quinzième époque : Hugues-Capet, ou troisième race des Rois de France sur le trône, au cinquantième siècle, l'an de l'Ere vulgaire 987. Cette époque finit à saint Louis; elle dure 283 ans.

Seizième époque : saint Louis, ou la fin des croisades, dont la dernière au cinquante-troisième siècle, ou l'an de l'Ere vulgaire 1270. Cette époque finit à Henri IV; elle dure 323 ans.

Dix-septième époque : Henri IV, ou la branche des Bourbons sur le trône de France, au cinquante-sixième siècle, l'an 1589 de l'Ere vulgaire. Cette époque dure 49 ans : elle finit à Louis XIV.

Dix-huitième époque : la naissance de Louis XIV, au cinquante-septième siècle, l'an de l'Ere vulgaire 1638. Cette époque dure 72 ans.

Dix-neuvième époque, la naissance de Louis XV, au cinquante-huitième siècle, l'an de l'Ere vulgaire 1710. Cette époque a duré soixante-quatre ans.

Définition des différentes Eres.

Les Espagnols ont introduit dans la chronologie l'usage des Eres. Les Eres sont des époques déterminées par différentes Nations, et adoptées par elles pour fixer l'éloignement des faits qui ont suivi les événements mémorables, d'après lesquels elles ont commencé à compter leurs années.

Les Eres les plus remarquables sont la première olympiade.

L'Ere de Nabonassar, roi de Babylone, qui a commencé à régner au trente-troisième siècle, ou l'an 3257.

L'Ere des Séleucides, connue sous le nom des *Années des Grecs*, et adoptées par les Juifs soumis à la domination de ces peuples. Elle a commencé au trente-septième siècle, ou l'an 3692.

La première année Julienne, au quarantième siècle. Cette année commence à la réformation du calendrier par Jules-César, l'an 3959.

L'Ere d'Espagne au quarantième siècle, commence à la réduction entière de cette partie de l'Europe sous la puissance des Romains, l'an 3966.

L'Ere vulgaire imaginée par *Denys le Petit*, commence au quarante-unième siècle, ou l'an 4004 du monde. Cette année répond à la quatrième année de Jésus-Christ.

L'Ere de Dioclétien commence au quarante-troisième siècle, ou l'an 284 de l'Ere vulgaire.

L'Hégire, ou la fuite de Mahomet, arrivée le 16 Juillet de l'an 622 de l'Ere vulgaire. Cette Ere, suivie par les Arabes, commence au quarante-septième siècle.

Cinquième division de l'Histoire en ses différentes périodes.

Le peu d'événements que présente l'histoire des temps qui ont précédé le déluge, l'incertitude de ceux qui sont arrivés dans les siècles qui l'ont suivi, ont fait partager l'histoire en trois grandes périodes. La première depuis la création jusqu'au déluge remplit une espace de dix-sept siècles et demi. La seconde, depuis le déluge jusqu'à la première olympiade, comprend une révolution d'environ seize siècles. La troisième, depuis la première olympiade jusqu'à présent, embrasse une durée de plus de vingt-cinq siècles et demi.

La première période est presque entièrement inconnue : on ne découvre rien dans les historiens de relatif à cette période, qui puisse présenter un caractère de vérité, excepté dans deux ou trois écrivains cités par Joseph, dont les récits touchant le déluge et les temps qui l'ont précédé, s'accordent à plusieurs égards avec les écrits de Moïse.

La seconde période est le temps héroïque ou fabuleux, ainsi nommé à cause des fables qui se trouvent mêlées dans l'histoire de ce temps. C'est dans cet intervalle qu'il faut placer l'origine des dieux et des héros que tous les peuples ont honorés d'un culte particulier.

La troisième période est la période historique : depuis ce temps, la plupart des événements se trouvent assujettis à des dates réglées. On peut recourir aux monuments publics, consulter et comparer les témoignages des historiens contemporains, et présenter avec confiance le tableau véritable des révolutions de l'univers.

Il faut observer que cette division de l'histoire en temps historiques, fabuleux et inconnus ne peut convenir qu'à l'histoire profane ; et ne pas perdre de vue que l'histoire sainte, fondée sur la révélation, la tradition et le témoignage constant de toute une nation subsistante en corps, témoignage contre lequel nul des Hébreux n'a jamais réclamé, porte avec elle les marques les plus évidentes de cette vérité incontestable.

Sixième division de l'Histoire en millénaires et en siècles.

La division la plus naturelle de l'histoire, partage la durée des temps qui nous séparent de la première époque en six millénaires, composés chacun de mille ans ou de dix siècles, placés perpendiculairement les uns sur les autres. Dans cette division, les cinquante-sept siècles et demi qui se sont écoulés depuis la formation du monde, sont distingués par des dénominations particulières ; ces dénominations sont prises des événements les plus remarquables, des découvertes et des institutions les plus utiles à l'humanité.

Quatrième objet de l'Histoire. La Géographie.

Le secours de la Géographie est indispensablement nécessaire à l'intelligence de l'histoire, c'est par la description des différentes parties du globe, qu'on peut acquérir une connoissance exacte et précise des événements qu'elle a rapportés.

TERMES PROPRES A LA GÉOGRAPHIE.

DANS le temps de la création, la terre a été séparée des eaux; le soleil et les astres ont été placés dans le firmament, suivant les ordres de l'Arbitre de l'univers. La considération de ces merveilles, leur description, voilà quel est l'objet de la Géographie. Elle embrasse toutes les différentes parties du globe terrestre, leur rapport avec le ciel, et tout ce qui, sur la surface de la terre, tire son origine de l'institution des hommes. Ainsi cette science peut être divisée d'abord en Géographie naturelle, en Géographie astronomique, en Géographie historique.

GÉOGRAPHIE NATURELLE.

La Géographie naturelle est la description simple de la terre et de l'eau. Elle désigne les divisions que ces deux éléments ont formées sur la surface du globe. Elle représente la mer, les continents, les isles, les isthmes, les détroits, les fleuves, les lacs, les montagnes.

La Géographie naturelle, ou la description du Globe, comprend la Géographie proprement dite et l'Hydrographie.

La Géographie proprement dite, est la description particulière de la terre. L'Hydrographie est la description particulière de l'eau.

La Géographie proprement dite, admet encore une autre division, lorsqu'on la considère par rapport à l'étendue du pays qu'elle entreprend de décrire. Embrasse-t elle la description générale du globe, c'est la Cosmographie. S'arrête-t-elle aux détails principaux d'une partie considérable de la terre, on la nomme Chorographie. Marque-t-elle toutes les particularités d'une étendue de terrain de médiocre grandeur, on la distingue sous la dénomination de Topographie.

Le globe terrestre se partage en terre ferme et en mers. Les plus grandes étendues de terre environnées d'eau s'appellent continents ou terres fermes. La mer est cet amas immense d'eau qui environne les continents.

L'assemblage des eaux de toutes les mers s'appelle l'Océan. Le nom d'Océan, qui semble devoir être commun à toutes les mers, est appliqué particulièrement à celle qui environne l'ancien continent.

Les deux portions générales du globe appelées Terre ferme et Mer, s'étendent réciproquement l'une dans l'autre. Toutes deux ont des limites qui les circonscrivent et les bornent. Les noms de ces circonscriptions sont différents et opposés, quoiqu'ils aient quelques rapports entr'eux. La terre s'avance dans l'eau, l'eau à son tour s'avance dans la terre. Il y a des parties de terre absolument environnées d'eau : on trouve des assemblages d'eaux que la terre entoure de tous côtés.

La mer qui embrasse les continents, en pénétrant leur intérieur, forme, par le partage de ses eaux, des mers intérieures, auxquelles on donne les noms de Méditerranée, de Golfes, de Baies, d'Anses.

On appelle mer Méditerranée une portion considérable des eaux de la mer qui sépare plusieurs régions de la terre, entre lesquelles elle se trouve resserrée. Un golfe est une portion de la mer qui s'avance dans les terres, excepté dans un endroit par où elle communique à la mer ou à quelque autre Golfe. La Baie est un diminutif du Golfe. L'Anse est un diminutif de la Baie.

La communication de ces différentes parties de la mer se fait par des canaux que l'on appelle Détroits, à cause de leur peu d'étendue entre les terres qui les resserrent. On les désigne encore par les mots de Manche, de Pas, de Canal, de Pertuis, de Bosphore, d'Euripe.

On divise la mer en haute mer et en rivages. On appelle haute mer la partie éloignée des terres. On désigne, sous le nom de rivages, les parties de la mer qui baignent les côtes, et qui règnent le long des terres. On donne aussi communément le nom de rivages aux terres qui sont lavées par les eaux de la mer.

Les rivages présentent ou des Ports, qui sont des portions de la mer resserrées dans les terres, qui servent de retraite aux vaisseaux contre le mauvais temps, ou des Rades qui sont des espaces de mer peu éloignées des terres, où les vaisseaux peuvent mouiller et être à l'abri de certains vents; ou des Plages, qui sont des surfaces d'eau de médiocre hauteur, étendues sur un terrain uni; ou des Falaises, qui sont des endroits où la mer vient se briser contre des bords escarpés. La mer, en baignant les rivages, y rassemble d'espace en espace de collines de sable ou de cailloutages qu'on appelle Dunes.

On trouve encore sur le globe terrestre des amas ou des courants d'eau qui n'appartiennent point à la mer, quoique quelques-uns s'y précipitent. On appelle Lac une étendue d'eau réunie au milieu des terres, sans aucune issue et sans aucun cours. Il sort d'une infinité d'endroits de la terre des sources qui se rassemblent dans leur cours et forment des canaux qu'on appelle Rivières ou Fleuves. La longueur du cours, la largeur du lit, distinguent les Fleuves des Rivières. Les Fleuves sont plus considérables. Ces courants d'eau se perdent les uns dans les autres, ou vont se jeter dans la mer. On appelle Embouchure le lieu où leurs eaux se mêlent, soit avec les eaux d'une Rivière, soit avec celles d'un Lac, soit avec celles de la mer.

Les Torrents sont des espèces de lits de Rivière qui se remplissent par intervalles, des eaux provenantes des pluies ou de la fonte des neiges, et qui demeurent à sec après leur écoulement.

Les Rivières sont comme le reste de la surface de la terre. Leurs lits ne sont pas toujours unis : il en est où il se rencontre des hauteurs. Ces inégalités suspendent le cours des eaux qu'elles rassemblent en plus grande quantité : devenues plus rapides et plus élevées par cet accroissement, elles franchissent les obstacles qui les arrêtoient, et se précipitent avec impétuosité. On appelle ces hauteurs Cataracte. Les plus connues sont celles du Nil.

On nomme Canal un courant d'eau qui coule dans un lit creusé par l'industrie humaine. On nomme Etang une pièce d'eau rassemblée dans un espace de terre où l'on a pratiqué un bassin pour lui servir de réservoir.

Ainsi que la masse des eaux prend divers noms, suivant la situation de ses parties et les différentes figures qu'elle décrit sur le globe, la terre partagée en diverses portions par le contour des eaux qui l'embrassent, ou par sa propre configuration, est désignée par des noms qui indiquent cette différence.

On donne le nom d'Isle à toutes les parties du globe qui s'élèvent au-dessus de la surface des eaux dont elles sont environnées.

Un Archipel est une réunion de plusieurs isles.

On appelle Cap, Promontoire, Péninsule, toute partie de terre qui s'avance dans la mer.

Une Péninsule, ou presqu'isle, est une portion de terre environnée d'eau de tous côtés, excepté en un seul endroit, par lequel elle a communication avec la terre.

Un Cap est une pointe de terre élevée qui s'avance dans la mer: on le distingue du Promontoire, en ce qu'il est plus élevé.

Un Isthme est une langue de terre qui joint une presqu'isle à la terre ferme, ou à d'autres presqu'isle.

La terre ferme comprend quatre grands continents: l'ancien, le nouveau, les terres australes connues ou soupçonnées, et les terres arctiques, dont la configuration est encore bien moins déterminée.

Nous ne connoissons jusqu'ici que deux continents, l'ancien et le nouveau.

On comprend sous le nom d'ancien continent, cette portion du globe que nous habitons, et qui depuis la création a été connue en tout ou en partie. Cet ancien continent n'occupe guère que la septième partie de la surface de la terre. On le divise en trois parties : l'Europe, l'Asie, l'Afrique. Le nouveau continent est une autre grande partie de la terre, séparée de celle que nous habitons par l'Océan. Il fut découvert au cinquante-cinquième siècle par Christophe Colomb, Génois. On lui a donné le nom d'Amérique.

L'Europe est la partie la moins étendue de celles qui composent l'ancien continent, elle peut avoir dans sa surface trois cents cinquante-sept mille lieues quarrées, chaque lieue de trois mille pas géométriques.

L'Asie est la plus considérable des trois parties de l'ancien continent ; elle a quatre fois plus d'étendue que l'Europe. Sa surface comprend environ douze cent vingt mille lieues quarrées.

L'Afrique contient au moins deux fois et demi l'étendue de l'Europe ; sa surface est de huit cent soixante-treize mille lieues quarrées.

L'étendue de l'Amérique est à-peu-près égale à celle de l'Europe et de l'Asie prises ensemble.

Ces parties de la terre se divisent en grandes et moyennes régions. Les moyennes régions se subdivisent encore en portions plus petites qu'on appelle pays et contrées.

On distingue les régions en hautes et en basses, suivant leurs différentes situations près de la mer dont elles sont bornées, le cours des rivières qui les traversent, ou les montagnes qu'elles contiennent.

La terre, relativement à la mer qui l'environne, se divise en terres intérieures et en terres maritimes ou côtes.

Les inégalités qui se rencontrent sur la surface de la terre sont désignées par les noms de Montagnes, de Collines et de Plaines. On appelle Montagne toute élévation de terrain portée jusqu'à une hauteur considérable. On donne le nom de Chaîne à la jonction de plusieurs Montagnes contiguës les unes aux autres. La terre renferme dans son sein des amas de matières combustibles; ces matières s'enflamment et s'ouvrent des passages sur la superficie du globe. Les Montagnes où se rencontrent quelques-unes de ces ouvertures, sont désignées sous le nom de volcans.

Les éminences de terre d'une élévation médiocre s'appellent Collines. Les Côteaux sont des diminutifs des Collines. On appelle Tertres les plus petites éminences.

On nomme Pas, Cols et Gorges, les passages qui séparent les Montagnes.

Les terrains unis, situés au pied des Montagnes, sont appelés Vallées. Les Prairies sont les fonds qui forment ces terrains. Lorsque ces fonds se trouvent situés entre deux Collines dont la pente est douce, on les appelle des Vallons.

On donne le nom de Plaine généralement à tout terrain uni. On appelle Campagne une Plaine d'une très-grande étendue.

On appelle Désert toute partie de terre stérile et inhabitée.

Il se trouve sur les Montagnes et dans les Plaines des terrains entièrement couverts d'arbres: on donne généralement à ces terrains le nom de Bois. Ceux qui sont de la plus vaste étendue, sont désignés sous celui de Forêts.

La plupart de ces objets sont représentés dans la figure suivante.

GÉOGRAPHIE ASTRONOMIQUE.

Ce globe que nous habitons, d'une si vaste étendue par rapport à nous, et qui ne forme qu'un petit point dans l'immensité de l'univers dont il fait partie, est suspendu dans les plaines de l'air, et soutenu par cette même puissance qui maintient les loix invariables de l'équilibre de tous les corps. Sa figure est sphérique, c'est-à-dire ronde ; nous ne pouvons juger de sa rondeur. Le court espace dans lequel notre vue s'étend, est infiniment borné en comparaison du reste que nous ne voyons pas ; il ne permet à nos foibles yeux d'apercevoir ce qui les frappe, que dans l'apparence d'une figure plane qui s'agrandit de plus en plus à proportion que l'on est plus élevé.

Comme il n'y a aucune position fixe d'où l'on puisse déterminer la situation absolue des différentes parties de la superficie du globe terrestre, on ne peut conséquemment y prendre les dimensions précises qui puissent assigner et régler leurs distances entre elles. Pour suppléer à ce défaut, on a imaginé dans le ciel divers cercles qui servent à le diviser en parties déterminées, et qui donnent en même temps les positions fixes et nécessaires. On s'est servi de ces mêmes cercles pour partager la terre, en les appliquant aux lieux qui paroissent répondre aux cercles marqués dans le ciel. La détermination de ces cercles et la considération des différents rapports de la terre au ciel forment l'objet de la géographie astronomique.

Pour faciliter cette étude on se sert d'une *Sphère artificielle*, qui est un assemblage de points, de lignes et de cercles imaginaires qui, comme nous venons de le dire; servent à reconnoître la marche des astres dans le ciel et qu'on applique aux différentes divisions de la terre.

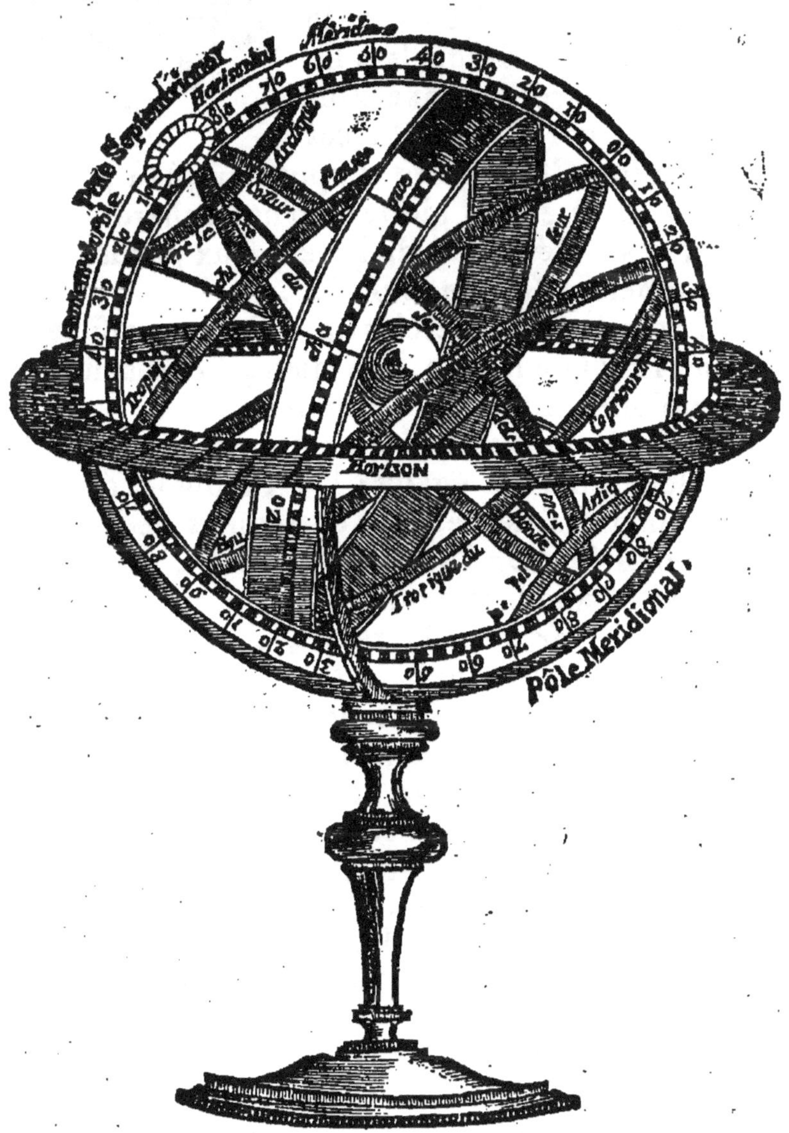

Dans la description de la sphère artificielle, on appelle *axe* une ligne qui passe par le centre

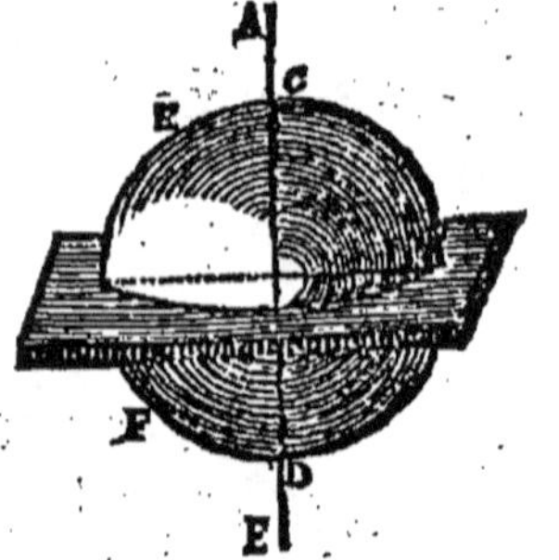

de la sphère et se prolongec de chaque côté, AB. On appelle *pôle* ou *pivot* chacun des deux points par lequel l'axe touche la circonférence de la sphère et sur lesquels elle pourroit tourner si l'axe étoit prolongé par chacune de ces extrêmités CD. Si l'on suppose un plan passant par le centre d'un globe ou d'une sphère, entre ses deux pôles, il se divise en deux parties égales appelées *Hémisphères*. EF.

Les principaux cercles de la Sphère artficielle sont l'Equateur, le Méridien, l'Horison, les Tropiques, les cercles Polaires.

L'Equateur est un cercle qui partage le globe en deux portions égales; il est éloigné de quatre-vingt-dix degrés des extrêmités de la terre ou pôles (1). On l'appelle Equateur, parce que, quand le soleil se trouve dans ce cercle, il y a équinoxe par toute la terre, c'est-à-dire, égalité de jour et de nuit.

Les deux Pôles sont désignés par des noms différents : l'un s'appelle le Pôle arctique, nom qui lui a été donné de deux constellations sous lesquelles il se trouve situé, qui sont un assemblage de plusieurs étoiles nommées par les Grecs *Arctos*; expression qui répond à celle d'Ourse en françois. L'extrêmité de la terre opposée au Pôle Arctique, se nomme le Pôle Antarctique.

On a dû observer par les définitions précé-

(1) Chaque cercle se partage en 360 parties égales, qu'on appelle degrés ; chaque degré a 60 minutes, chaque minute 60 secondes.

dentes, que l'Equateur, autrement appellé ligne Equinoxiale ou simplement ligne, est un cercle que l'on conçoit sur la surface de la terre et qui répond à l'Equateur du ciel : les Pôles, comme nous l'avons dit, sont les deux points qui terminent les extrêmités de son axe.

Le temps que l'on nomme midi dans chaque contrée est celui où le soleil, dans le cours de sa révolution journalière, se trouve parvenu sous le Méridien qui traverse cette contrée. Le Méridien est un cercle qui sépare le monde en deux moitiés, et que l'on conçoit passer par le Pôle du monde, et par le Pôle de l'horison, qu'il coupe en deux points diamétralement opposés; ces deux points se nomment Septentrion et Midi, ou Nord et Sud. La partie du monde qui s'étend depuis l'Equateur jusqu'au Pôle Arctique, se nomme Septentrionale ou Boréale, ou la partie du Nord; l'autre moitié du globe se nomme Méridionale ou Australe, ou la partie du Sud.

Pour la commodité et l'intelligence des cartes géographiques, on est convenu de partir du premier Méridien d'après lequel on commence à compter les degrés sur l'équateur. Ce premier Méridien avoit d'abord été supposé à l'Isle de Fer, la plus occidentale des Isle Canaries, mais depuis les Géographes François l'ont fixé à l'observatoire de Paris; les Anglois, à celui de Grenwick, et les Hollandois au Pic de Téneriffe.

De quelque point que l'on parte, on commence à compter les degrés en allant vers l'Orient sur la circonférence du globe, jusqu'à ce que l'on soit revenu au point de départ. Il est indifférent de compter en degrés sur l'équateur ou sur un autre cercle qui lui soit parallèle et que l'on divise en 360 degrés que l'on appelle de *Longitude*. Les degrés de *Latitude* se comptent sur les méridiens en allant de l'équateur à l'un des pôles, et la latitude prend le nom de *Septentrionale* ou *Méridionale* suivant le pôle vers lequel on s'est dirigé. Le point de rencontre des degrés de longitude avec les degrés de latitude, détermine la position des lieux.

L'horison est le cercle qui sépare la moitié du ciel visible de l'autre moitié qui ne l'est pas. Il sert à marquer le lever et le coucher des astres. Le point de l'Horison auquel le soleil paroît répondre à l'instant de son lever, les jours des équinoxes, est ce qu'on appelle le vrai Orient. Le point du même cercle diamétralement opposé, se uomme l'Occident vrai : ces deux points forment avec le Septentrion et le Midi, les quatre points Cardinaux.

Il y a autant d'horisons qu'il y a de points sur la superficie du globe terrestre : mais il faut qu'il y ait une certaine distance entr'eux, pour que leur différence soit sensible.

Les Tropiques sont deux cercles inférieurs à l'équateur, dont ils sont éloignés de 23 degrés 29 minutes. Il y en a deux ; celui du Cancer ou de l'Ecrevisse, placé dans la partie septentrionale ; et celui du Capricorne, placé dans la partie méridionale.

Les cercles polaires sont des cercles éloignés des pôles du monde, de 23 degr. 29 minutes, ainsi que les tropiques le sont de l'équateur.

Les tropiques et les cercles polaires séparent le ciel en cinq bandes ou zones, dont une torride, deux tempérées et deux glaciales. On nomme zone torride ou brûlée, l'espace compris entre les deux tropiques; ceux qui renferment les tropiques et les cercles polaires s'appellent zones tempérées; les zones graciales sont comprises entre les cercles polaires et les pôles.

On nomme climat un espace de terre compris entre deux cercles parallèles à l'équateur. Les climats se partagent en climats d'heures et en climats de mois. Un climat d'heure est celui dont le jour est plus long d'une demi-heure en sa fin que dans son commencement. Le climat de mois est celui dont le plus grand jour est plus long d'un mois en sa fin que dans son commencement.

Enfin on met au nombre des cercles de la Sphère, le *Zodiaque*, espèce de bande partagée dans sa largeur par un cercle appelé *Ecliptique*, dont le Soleil ne s'écarte jamais, et dont la circonférence est divisée comme celle du Zodiaque en douze portions de 30 degrés, dont chacune renferme un signe en constellation, et correspond à l'un des mois de l'année.

Noms des Signes du Printemps.		*Noms des Signes de l'Été.*	
Le Bélier,	Mars.	Le Cancer,	Juin.
Le Taureau,	Avril.	Le Lion,	Juillet.
Les Gémeaux,	Mai.	La Vierge,	Août.
Noms des Signes de l'Automne.		*Noms des Signes de l'Hiver.*	
La Balance,	Septembre.	Le Capricorne,	Décemb.
Le Scorpion,	Octobre.	Le Verseau,	Janvier.
Le Sagittaire,	Novembre.	Les Poissons,	Février.

Du Soleil et des Astres.

Le Soleil est un astre fixe, c'est à dire, qu'il ne change pas de place. Il est entouré de diverses planètes qui tournent en plus ou moins de temps autour de lui. On appelle planètes les étoiles qui ont un mouvement, celles qui sont fixes se nomment simplement étoiles. On compte sept planètes autour du soleil dans l'ordre de leur écartement de cet astre.

Mercure, Vénus, la Terre, Mars, Jupiter, Saturne, Herschel ou Uranus.

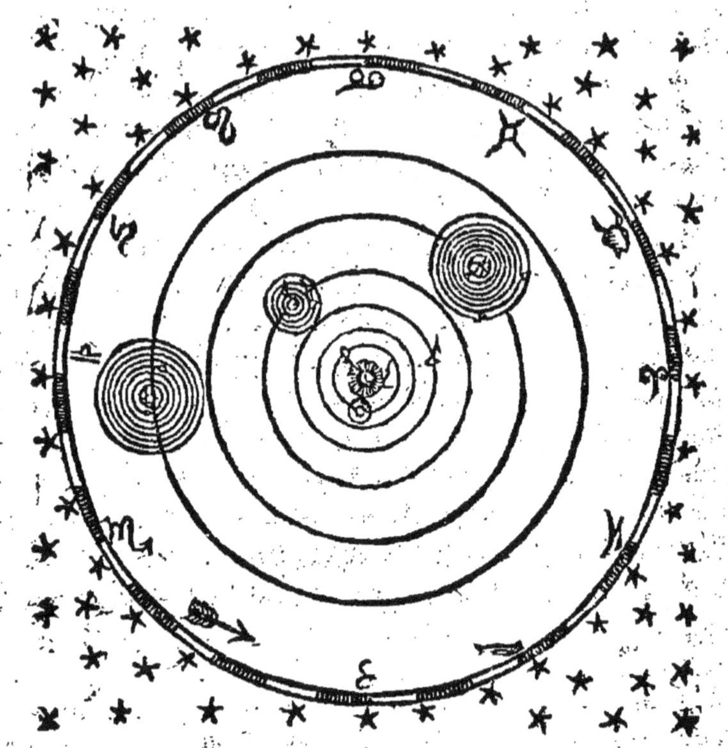

Les étoiles sont placées au-dessus des planètes; pour les distinguer plus facilement, on les a divisées en croupes ou constellations, dont les unes au nord de l'Équateur s'appellent *septentrionales*, et les autres au midi de l'Equateur s'appellent *méridionales*. Ces constellations sont très-nombreuses ; les douze constellations ou signes du Zodiaque dont nous avons parlé précédemment étoient très-anciennement connues. On compte environ 2000 étoiles à la vue simple.

Des Planètes, des Satellites et de la Terre.

Parmi les planètes, il y en a quatre, la Terre, Jupiter, Saturne et Herschel qui ont des *Satellites*, ce sont comme de petits astres qui sont entraînés par le mouvement de leur planète. Voyez la fig. précédente où ils sont indiqués par de petits points blancs placés sur des cercles qui marquent leur révolution autour de leur planète.

La terre est ronde. Cette vérité est démontrée par les faits suivants : si l'on est sur le bord de la mer sa sphéricité s'aperçoit à l'œil. 2° Si un vaisseau quitte le rivage, le corps du bâtiment disparoît le premier, puis la partie inférieure des mâts. 3° Les voyageurs qui ont fait le tour du monde sont revenus par un point opposé.

Sphéricité de la Terre.

La terre a deux mouvements. D'abord toutes les 24 heures elle tourne sur son axe, comme une boule qui tourne sans changer de place. L'autre mouvement qu'elle exécute en 365 jours 50 minutes, ce qui forme l'année, est progressif. Elle avance ainsi comme la roue d'un char qui est en mouvement, ce qui est représenté dans cette figure.

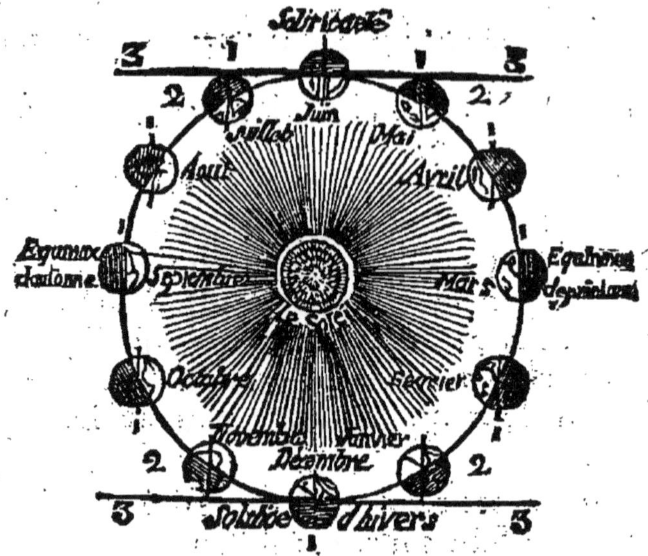

Du mouvement journalier de la terre résulte les jours et les nuits. *Même fig. que dessus*, qui indique aussi le temps des *Equinoxes*, dont nous avons parlé à l'article *Equateur*. En juin et en décembre la terre paroît ralentir son mouvement pendant plusieurs jours, ce qu'on reconnoît par le soleil qui ne monte ou ne descend pas sensiblement, on a nommé ces jours *Solstices*, qui veut dire station. *Même fig.*

Le contraste des saisons dans les deux hémisphères boréal et austral (1) a fait donner aux peuples qui les habitent des noms particuliers. On appelle *Perisçiens* ceux qui habitent les zônes froides; *Hetérosciens*, ceux qui habitent les zones tempérées; *Amphisciens*, ceux qui habitent la zone torride; *Asciens*, qui veut dire sans ombre, indique les habitants des zones torrides qui, ayant quelque temps le soleil perpendicu-

(1) Voyez la page 211.

lairement sur leurs têtes sont alors sans ombre; les *Antisciens*, habitent de différents côtés de l'équateur; leurs ombres ont à midi des directions contraires.

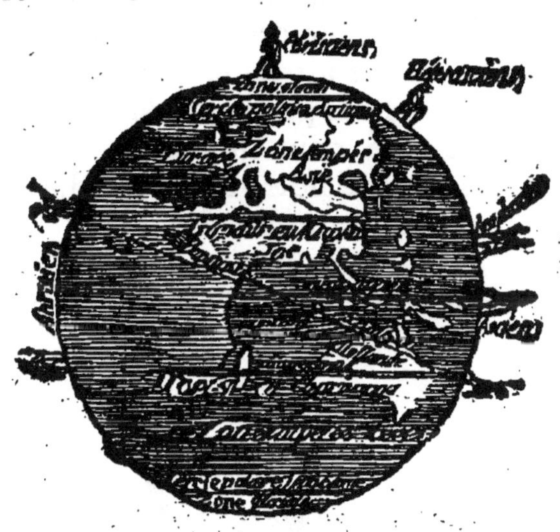

On donne en général le nom d'Antipodes aux peuples qui ont les pieds opposés les uns aux autres. La figure ci-dessus les représente et les désigne par une ligne qui va de gauche à droite. On ne peut pas dire que les peuples qui sont nos antipodes, par exemple, soient sous terre; car la terre est un globe, et un globe n'a par lui-même ni dessus ni dessous; ils n'ont pas la tête en bas, car avoir la tête en bas, c'est l'avoir plus proche de la terre que les pieds: on ne peut craindre qu'ils tombent, puisque tomber s'est s'approcher de la terre. Les peuples antipodes ont les jours, les mois, les heures, les saisons absolument opposées aux nôtres. Quand nous avons le matin, ils ont le soir; quand nous avons l'été, ils ont l'hiver, ainsi de suite.

De la Lune.

Le Lune est le *Satellite* de la terre, parce

qu'elle tourne autour d'elle en l'accompagnant dans sa révolution autour du soleil et en se tournant aussi sur elle-même. Sa révolution autour de la terre s'exécute en 27 j. 43 minutes; il résulte de la combinaison de ces trois mouvements, que malgré que la lune ait toujours une moitié de son hémisphère éclairée par les rayons du soleil, il faut, pour que nous puissions l'apercevoir, qu'elle présente de notre côté une plus ou moins grande partie de cette portion éclairée, et c'est ainsi en effet que nous apercevons la pleine Lune, son premier et second quartiers.

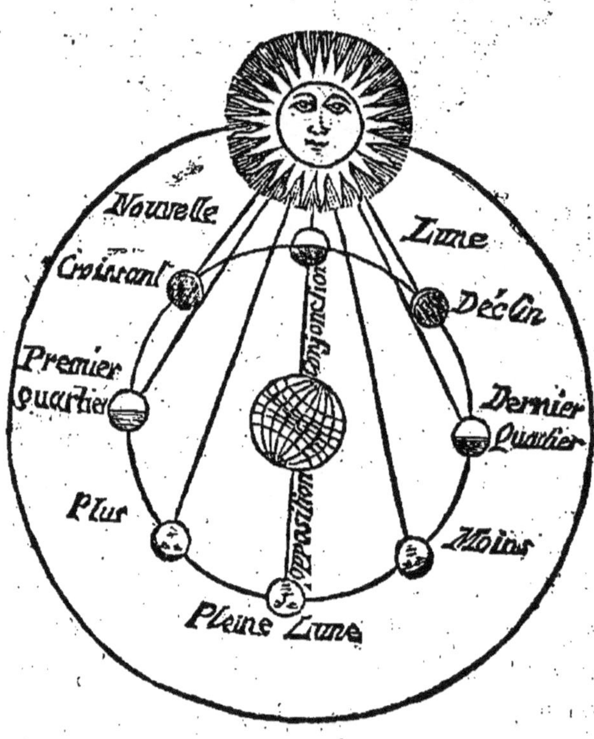

La Lune tournant autour de la Terre, il arrive nécessairement que lorsqu'elle se trouve entre la Terre et le Soleil, ce qu'on appelle *Conjonc-*

tion, elle devroit nous cacher plus ou moins cet astre et produire ainsi une éclipse de Soleil ; et que lorsque la Terre se trouve entre le Soleil

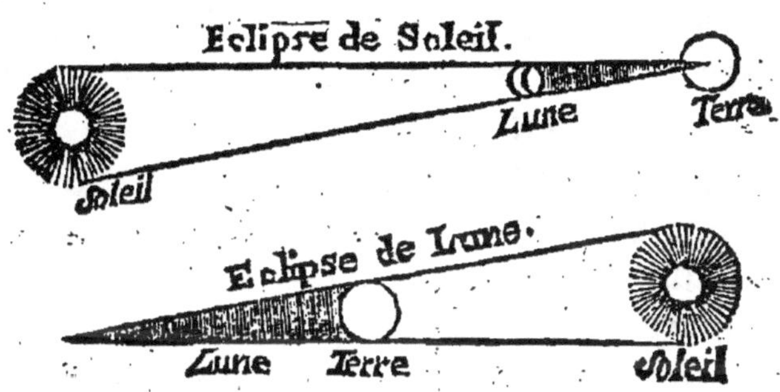

et la Lune, ce qu'on appelle *Opposition*, elle devroit couvrir la Lune de son ombre et produire ainsi une éclipse de Lune. Cela arrive aussi fort souvent ; mais comme l'orbite que la Lune décrit autour de la Terre n'est pas dans le même plan que celui que la Terre décrit autour du Soleil, la Lune dans ses *Sizigies*, (c'est le nom commun que l'on donne à la conjonction et à l'opposition) se trouvant fréquemment un peu au-dessus ou au-dessous de l'ombre du Soleil ou de la Terre ; alors il n'y a point d'éclipse. Comme cependant ces deux orbites se rencontrent à chaque révolution dans deux points que l'on appelle *nœuds*, fig. *a*, *b*, toutes les fois que la conjonction ou l'opposition ont lieu dans le voisinage de ces nœuds, il y a éclipse. C'est par cette raison que l'orbite de la Terre *c* a reçu le nom d'Ecliptique.

Des Cartes géographiques.

Une carte, en géographie, est une figure plane que représente la surface de toute la terre ou seulement quelques-unes de ses parties, telles qu'elles paroîtroient à l'œil à une certaine distance.

On distingue deux espèces principales de cartes géographiques; savoir, les mappemondes, ou cartes générales de la Terre, et les cartes qui servent à représenter des portions plus ou moins grandes de sa surface.

Les cartes géographiques qui ne représentent que des portions de surfaces terrestres, telles que l'une des quatre parties du monde, un ou plusieurs états, une ou plusieurs isles, etc. doivent être considérées comme des copies en grand de surfaces qu'on auroit calquées partiellement sur un globe, et auxquelles, en n'altérant pas cependant l'ensemble de leur configuration, on auroit ajouté des détails que les dimensions d'un globe portatif ne permettent pas d'y représenter. Lorsqu'elles ont une grande superficie, relativement au peu d'étendue des pays qu'elles comprennent, on y trouve non-seulement les fleuves, les villes, les montagnes, etc. mais même les ruisseaux, les villages, les collines et tous les autres détails que la nature et la main de l'homme peuvent y avoir multipliés.

Le bord supérieur d'une carte bien orientée est toujours le côté du Nord, et par conséquent le bord inférieur est celui du Sud; l'Est est à droite, et l'Ouest à gauche de la personne qui la regarde : ainsi les lieux situés au bas d'une carte bien orientée sont toujours plus méridionaux que ceux qui leur sont supérieurs, et ceux-ci plus septentrionaux que ceux-là; ce qui est à droite est à l'Orient de ce qui est à gauche, et ce qui est à gauche à l'Occident de ce qui est à droite.

On trouve quelquefois sur les cartes géographiques une *Rose des vents* pour indiquer la situation des quatre points cardinaux, qu'il est indispensable de savoir reconnoître; c'est ce qu'on appelle savoir s'orienter. Dans le jour, à midi, un homme tourné du côté de son ombre regarde le Nord; l'Est est à sa droite, l'Ouest à sa gauche et le Sud derrière lui.

La division de l'horison ne se réduit pas aux quatre points cardinaux. On en compte 32 tous également éloignés les uns des autres: les plus remarquables après les quatre points cardinaux, sont le Sud Est, le Sud-Ouest, le Nord-Est et le Nord Ouest.

GÉOGRAPHIE HISTORIQUE.

La Géographie historique est la description des lieux où se sont passés les événements rapportés par l'Histoire; elle en indique la situation: elle marque les distances qui les séparent; elle se divise en Géographie Politique, Géographi Sacrée, et Géographie ecclésiastique.

Géographie Politique.

La Géographie politique est la description des parties de la terre, distinguée par différentes limites que l'ancienne possession, les conquêtes ou les traités de paix ont assignés aux différentes nations qui les habitent. Les diverses formes de gouvernements donnent des noms différents aux parties de la terre que décrit la Géographie politique.

On nomme Empire, un état gouverné par un Prince qui porte le titre d'Empereur ; Royaume, celui qui est sous la domination d'un Roi ; République, celui qui est gouverné par l'autorité de plusieurs ; République aristocratique, celle qui est régie par un certain nombre de nobles choisis ; République démocratique, celle où la puissance souveraine est exercée par le peuple.

Toute souveraineté est élective ou héréditaire. On appelle un Etat électif, celui où tout le peuple, ou seulement les grands, choisissent le Souverain. Un Etat héréditaire est celui où la puissance souveraine est confiée aux rejetons d'une seule famille, qui se succèdent par droit d'hérédité, sans avoir besoin du consentement ou de la confirmation des sujets, qui sont dans l'obligation légitime de reconnoître son autorité.

On donne généralement le nom de Puissance à toute Domination, Empire, Royaume ou République.

Les pays dépendants de chaque Etat, se subdivisent en Provinces et Gouvernements commandés par un chef qui tient son pouvoir du Souverain.

On donne le nom de Frontières à toutes les extrêmités des Etats, et celui de Limites à toutes les extrêmités des Provinces contenues dans ces Etats. Les Provinces limitrophes sont celles qui ont des Limites communes.

On distingue le genre humain en diverses sortes de Peuples, dont la manière de vivre caractérise la différence.

On nomme peuples policés et civilisés, les Nations qui vivent sous un gouvernement, quel qu'il soit, et qui observent des lois qu'elles ont adoptées ou qu'elles se sont prescrites. On appelle Barbares ou Sauvages, les Nations qui n'ont aucune forme de gouvernement. On appelle peuples errants et vagabonds, les Nations qui n'ont aucune demeure fixe, et qui parcourent en corps de certaines parties de la terre, telles que les Tartares asiatiques et les Sauvages de l'Amérique. On nomme Peuples dispersés ceux qui, n'ayant aucune contrée qui leur soit affectée, sont répandus dans les différentes parties de la terre, et composent cependant une Nation distincte des peuples parmi lesquels ils vivent : tels sont en Asie les Guèbres ou les anciens Perses, adorateurs du feu ; et surtout les Juifs, qui formeroient aujourd'hui une nation très-nombreuse, s'ils étoient rassemblés de toutes les différentes parties de la terre qu'ils habitent.

Géographie Sacrée.

La géographie sacrée est la partie de cette science qui se borne à la description des différentes régions de la terre qui peuvent avoir quelque rapport à l'histoire sacrée des Juifs et des Chrétiens.

Géographie Ecclesiastique.

La géographie ecclésiastique est la description du monde chrétien, partagé en différentes jurisdictions ecclésiastiques, telles que sont les Partriarchats, les Diocèses, Archidiaconats, etc. Cette division n'a lieu que dans la géographie moderne.

La géographie considérée comme description

du globe, se distingue suivant le temps où l'on suppose que cette description a été faite. On assigne trois âges à la géographie. Le premier âge est celui de la géographie ancienne; la géographie moderne a servi d'éclaircissement aux précédentes.

La géographie ancienne est la description de la terre, telle que l'ont connue les hommes depuis le moment de la création, jusqu'à la décadence de l'Empire Romain.

La géographie du moyen âge est la description actuelle de la terre, tracée depuis la décadence de l'Empire, jusqu'au renouvellement des Lettres.

La géographie moderne est la description actuelle de la terre, depuis le renouvellement des lettres jusqu'à présent.

AVIS AUX MAITRES.

L'Allégorie du P. BRUMOI, sur l'Éducation, doit être la règle de la conduite des meilleurs Maîtres. Il compare le Maître d'Éducation à un Oiseleur, et les Enfants aux Oiseaux qu'on instruit. Il n'y a pas un trait dans toute la pièce qui ne justifie la justesse de la comparaison. Il adresse la parole à un Maître.

Vous faites apprentissage
Dans le métier d'Oiseleur ;
Ce n'est pas un badinage,
Et cet Art veut un Docteur.

Oiseaux d'espèce diverse
Vont exiger votre soin ;
Souffrez que je vous exerce,
Et vous prépare de loin.

Les Oiseaux que l'on cajole
Négligemment et sans art,
Pour fruit de ce soin frivole
Chantent souvent au hasard.

Cet exercice pénible
Exige un talent heureux ;
Devenez, s'il est possible,
Oiseau vous-même avec eux.

Connoissez le caractère

De vos tendres Nourrissons,
L'Oiseleur qui veut bien faire,
Y conforme ses leçons.

Craint, si vous le voulez être,
Gagnez pourtant leur amour :
Ils savent trop vous connoître,
Et vous haïr à leur tour.

Par un éclatant ramage
Ne vous laissez point frapper ;
Qui juge par le plumage,
Est sujet à se tromper.

Point d'injuste préférence,
Elle produit des jaloux,
Entr'eux nulle différence,
Ils sont tous égaux pour vous.

Vous en verrez de volages,
Fixez-les adroitement ;
Vous en verrez de sauvages,
Corrigez-les doucement.

Mais par un air trop sévère,
N'aigrissez point leur humeur ;
Il faut tempérer en père
La crainte par la douceur.

Il est une heureuse adresse
De faire goûter les Loix ;
N'armez jamais de rudesse
L'air, le geste, ni la voix.

Sur l'Oiseleur, quoi qu'il fasse,
Le jeune Oiseau se conduit :
Et l'humeur du Maître passe
Dans l'Elève qu'il instruit.

Un Oiseau dans l'esclavage,
Regrette sa liberté ;
Pour lui faire aimer sa cage,
Il veut être un peu flatté.

Qu'un esprit doux et sincère
Se prête à tous leur besoins ;
Vous leur tenez lieu de mère,
Vous leur en devez les soins.

Par un trop long exercice
N'effrayez pas vos Oiseaux ;
Que votre Leçon mûrisse
Dans leurs débiles cerveaux.

La leçon, pour être utile,
Doit leur plaire en s'apprenant ;
Et jamais un Maître habile
N'instruira qu'en badinant.

Faites-leur aimer la gloire
En des combats innocents ;
Récompensez la victoire
De leurs timides accents.

Une foible récompen[se]
Animera leur essor ;
D'un Elève qui comme[n]ce

Louez jusqu'au moindre effort.

Frustré de votre espérance,
Ne vous rebutez jamais;
Le temps, la persévérance
Ameneront le succès.

Peut-être, plein de colère,
Briserez-vous vos Pipeaux;
Mais tel qui vous désespère,
Peut répondre à vos travaux.

Apprenez que cette étude
Où votre esprit s'est fixé,
Est des Emplois le plus rude
Et le moins récompensé.

Mais du public avantage
Si votre cœur est épris;
Songez, Tircis, que le sage
L'achète même à ce prix.

FIN.

www.ingramcontent.com/pod-product-compliance
Lightning Source LLC
LaVergne TN
LVHW020601230826
846091LV00002B/556

9782014452778